Leben erkunden

Werte und Normen · Klassen 5/6

Lehrerbegleitbuch · Land Niedersachsen

von Helge Eisenschmidt

MILITZKE

Autor: Dr. Helge Eisenschmidt
Lektorat: Christoph Glabau, Julia Lössl
Layoutentwurf, technische und gestalterische Umsetzung: Claudia Hofmann

Besuchen Sie den Militzke Verlag im Internet: http://www.militzke.de

Wir haben alle Internetadressen vor dem Druck sorgfältig geprüft. Dennoch kann es in Einzelfällen vorkommen, dass diese in der Zwischenzeit nicht mehr aktuell sind. Deshalb können wir für die absolute Aktualität keine Gewähr übernehmen. Außerdem liegt die Verantwortung für den Inhalt von im Buch angegebenen Internetseiten und darauf befindlichen Links bei deren Betreibern und nicht bei den Autoren und dem Verlag des vorliegenden Buchs.

Alle Texte, die für dieses Buch erstellt wurden, folgen der reformierten Rechtschreibung und Zeichensetzung (Stand: August 2006). Quellentexte sind in der Regel nach den zum Zeitpunkt ihrer ursprünglichen Drucklegung geltenden Regeln gesetzt.

1. Auflage 2008

Druck und Binden:
ISBN 978-3-86189-339-4

Militzke Verlag · www.militzke.de

Inhaltsverzeichnis

Vorbemerkungen

Der Aufbau des Lehrerbegleitbuchs folgt der Kapitelaufteilung des Lehrbuchs. Zu allen Kapiteln und den entsprechenden Gliederungspunkten erfolgen im Lehrerbegleitbuch Anregungen für die Unterrichtsgestaltung. Wichtig war es vor allem, ein Lehrerbegleitbuch zu erstellen, das schnell und zugriffssicher handhabbar ist und die Arbeit mit dem Lehrbuch erleichtert. Dabei hat es sich bewährt, auch im Lehrerbegleitbuch die Untergliederung in Sinneinheiten beizubehalten. Bei den Sinneinheiten handelt es sich um relativ abgeschlossene Themenbereiche, mit denen sich Unterrichtsstunden oder sogar ganze Unterrichtsabschnitte gestalten lassen. Die in den Sinneinheiten des Lehrbuchs und des Lehrerbegleitbuches enthaltenen inhaltlichen und didaktischen Informationen sollten Sie wirkungsvoll bei der Gestaltung Ihres Unterrichts unterstützen können. Zusätzliche Übersichten (Kopiervorlagen, Methoden) erleichtern den schnellen Zugriff auf die Materialien des Lehrerbegleitbuches.

Inhaltlicher Schwerpunkt des Lehrerbegleitbuchs sind interpretierende, ergänzende und vertiefende Anregungen von Möglichkeiten der Lehrbucharbeit. So werden Rollenspiele für die Auswertung von Texten vorgeschlagen, Bildinterpretationen vorgenommen, Texterschließungen angeboten, Varianten des Umgangs mit Texten und Bildern beschrieben, vorgegebene Texte fortgeführt, Interviewfragen zu Bildern entworfen, Pro-und-Kontra-Diskussionen entwickelt, Meditationserfahrungen angeregt, Begriffs-Bildungen er-klärt und vieles andere mehr.

Den Hauptteil der Anregungen im Lehrerbegleitbuch nehmen jedoch weiterführende Unterrichtsmaterialien ein, die zusätzlich zu den Angeboten im Lehrbuch erfolgen. Zu fast jeder Sinneinheit werden Zusatztexte und Arbeitsblätter angeboten, die als Kopiervorlagen zur Verfügung stehen. Übungen unterschiedlichster Form, weiterführende Aufgabenstellungen sowie Anregungen zum praktischen Umgang mit den Lerngegenständen erweitern die inhaltlichen und didaktischen Möglichkeiten der Arbeit mit dem Lehrbuch. Angebote aus dem Arbeitsheft „Leben erkunden", Klassen 5/6, ergänzen die Vorschläge zur Unterrichtsgestaltung. Zahlreiche Unterrichtsmethoden werden in ihrer konkreten Wirkungsweise erklärt und das Allgemeine für die Wiederverwendung unter veränderten Einsatzbedingungen hervorgehoben.

Übersicht zur Arbeit mit dem Lehrerbegleitbuch

1. Zu jedem Kapitel erfolgt eine kurze Charakteristik der *inhaltlichen Schwerpunkte.* Auch zu den Gliederungsunterpunkten der einzelnen Buchkapitel (1–6) wird in knappen Worten die Schwerpunktsetzung erläutert.
2. Das Lehrerbegleitbuch folgt in seinem Aufbau den *Sinneinheiten* des Lehrbuchs. Da sich die Gliederungsunterpunkte in zwei bis drei Sinneinheiten aufteilen, sind überschaubare Bausteine für die Unterrichtsgestaltung entstanden. Diese können vom Lehrer entsprechend der Lernbedürfnisse und -erfordernisse seiner Schülerinnen und Schüler variiert werden.
3. Zu jeder Sinneinheit gibt es *didaktische Anregungen* zur Arbeit mit dem Lehrbuch. Beziehen sich die Erläuterungen auf die Inhalte des Lehrbuchs (Texte, Bilder, Aufgaben, Übungen), dann verweist das Zeichen ⇒ **LB, S. ...** auf diesen Sachverhalt. Angebote, die auf das Arbeitsheft verweisen, haben das Zeichen ⇒ **AH, S. ...** erhalten.
   Werden ergänzend *Arbeitsblätter und Zusatztexte* angeboten, so sind diese als *Kopiervorlagen* mit dem Zeichen ⇒ **KV ...** oder im Lehrerbegleitbuch mit (Z) versehen. Das Verzeichnis der Kopiervorlagen befindet sich im Anhang dieses Buches. Spezielle Hinweise zu *Methoden* sind mit ⇒ **M ...** versehen. Ein Verzeichnis der allgemeinen Ausführungen zu einzelnen Methoden befindet sich auf Seite 7. Bei schwierigen Sachverhalten werden weiterführende Informationen gegeben. Diese befinden sich in Kästen unter der Rubrik *Hintergrundwissen.*

Zeichenerklärung

LB = Lehrbuch »Leben erkunden«, Klassen 5/6, Werte und Normen
AH = Arbeitsheft »Leben erkunden«, Klassen 5/6, Werte und Normen
LBB = Lehrerbegleitbuch, Klassen 5/6, Werte und Normen
KV = Kopiervorlage
M = Methode
(V) = Vorgehen/Anweisungen
(A) = Aufgaben
(L) = Lösungen
(Z) = Zusatztext

Anmerkungen zum *Werte und Normen*-Unterricht

Die Curricularen Vorgaben im Fach *Werte und Normen* enthalten Anforderungen zur Realisierung eines Unterrichts, in dem »die wesentlichen Wertvorstellungen, Normen und ethischen Grundsätze vermittelt [werden], die dem Grundgesetz und der Niedersächsischen Verfassung sowie dem Niedersächsischen Schulgesetz zugrunde liegen: Grund- und Menschenrechte, Prinzipien des demokratischen und sozialen Rechtsstaates, Verpflichtung zum Erhalt der natürlichen Lebensgrundlagen«.

In diesem Sinne ist es Aufgabe des Faches, »die Persönlichkeitsentwicklung der Schülerinnen und Schüler zu fördern. Die Lernenden sollen ein möglichst autonomes, sich selbst bejahendes und stabiles Ich als Voraussetzung für eine spätere individuelle, im gesellschaftlichen Kontext stehende und gleichwohl weitgehend selbst bestimmte Lebensgestaltung entwickeln.«[1]

Diesem Anliegen von *Werte und Normen* sehen sich die Autoren und der Herausgeber des Lehrbuchs der Klassen 5/6 »Leben erkunden« und begleitender Unterrichtsmaterialien besonders verpflichtet. Die angebotenen Arbeitsmaterialien sollen ermöglichen, dass die Schülerinnen und Schüler im *Werte und Normen*-Unterricht ihre Individualität entdecken, sich mit ihren Stärken und Schwächen bejahen und ihr Leben mit anderen gestalten wollen. Nur wer sich selbst annimmt, vermag seinen Mitmenschen unbefangen gegenüberzutreten, ist aufnahmebereit für die Bedürfnisse und Betrachtungsweisen anderer.

Indem die Schülerinnen und Schüler lernen, ihr Handeln und Verhalten zu beurteilen sowie ihre Individualität in der Gemeinschaft mit anderen zu erproben, setzen sie sich mit Normen und Werten auseinander, die für ihr gegenwärtiges und zukünftiges Leben von Bedeutung sind. Dabei befinden sich die Schülerinnen und Schüler erst am Anfang ihres Weges. Normen und Werte »an sich« oder gar abstrakte Wertesysteme liegen außerhalb ihres Fragebedürfnisses. Zugang zu den Normen und Werten, zu ethischer Urteilsfähigkeit finden die Schülerinnen und Schüler vor allem durch das konkrete Werteerleben im Bezugsfeld ihrer Erlebnis- und Erfahrungswelt.

Jeder Unterricht ist so gut wie der Lehrer, der ihn erteilt. Auf den *Werte und Normen-Lehrer* bezogen bedeutet das zweierlei: Zum einen ist das Vorleben wertegebundenen Lebens durch den Lehrer gemeint. Wie der Lehrer an die Lösung von Problemen herangeht, wie er Konflikte bewältigt, ob er tolerant und gerecht ist, welches Verhältnis er zur Natur hat, inwieweit er auf Schwierigkeiten anderer einzugehen vermag; das alles ist konkretes Werteerleben, welches in seiner Vorbildfunktion für die Konstituierung des Wertebewusstseins der Schüler besonders wichtig ist. Zum anderen betrifft es die didaktisch-methodische Kompetenz des Lehrers, solche didaktischen Entscheidungen in Bezug auf Inhalte, Methoden, Sozialformen und Medien zu treffen, die den Unterrichtserfolg im Sinne der Zielsetzung des Faches ermöglichen. Das schließt auch neue Formen der Unterrichtsgestaltung in *Werte und Normen* ein. In der Regel erfordert das ein gewisses Maß an Selbstüberwindung, manchmal auch Mut. Ihre Schülerinnen und Schüler werden es ihnen aber danken.

Die folgenden Hinweise sind als Anregungen gedacht, die Möglichkeiten des Lehrbuchs für einen an den Schülerinnen und Schülern orientierten *Werte und Normen*-Unterricht auszuschöpfen.

Konkretheit: Ausgangs- sowie ständiger Bezugspunkt für die Ableitung von Problem- und Fragestellungen des *Werte und Normen*-Unterrichts sind die konkreten Erfahrungen der Schüler. Gemeint sind vielfältige Erlebnisse, Erinnerungen, Wahrnehmungen, Fantasien und Träume innerhalb und außerhalb des Unterrichts.

Insbesondere der Mediengebrauch ist zum konstitutiven Element der Alltagserfahrungen der Schülerinnen und Schüler geworden. Dabei führen die elektronischen Medien die Schüler nicht selten so tief in die fiktive Welt des Televisionären ein, dass sie diese oft realistischer erleben als die real existierende Welt. Das Lehrbuch wiederum enthält Texte unterschiedlicher Dimension (literarische Texte, religiöse Texte, philosophische Texte, Meinungsäußerungen Gleichaltriger, Fallbeispiele, Dilemmasituationen, Hörspielauszüge, Interviews, Rollensprechstücke, Märchen, wissenschaftliche Texte, Sprichwörter, Expertenaussagen, Situationsschilderungen, fiktive Texte etc.) sowie Fotos, Bildgeschichten und künstlerische Reproduktionen. In der Verbindung von lebensweltlichen Erfahrungen der Schülerinnern und Schüler mit den angebotenen Materialien des Lehrbuchs liegt eine Chance für einen gelungenen *Werte und Normen*-Unterricht. Die Lernenden sollen spüren, dass im Lehrbuch und den Begleitmaterialien ihre Probleme angesprochen werden, dass sich ihr Erfahrungsfeld erweitert, differenziert und vertieft.

Rationalität: Anliegen des *Werte und Normen*-Unterrichts sollte weiterhin sein, das ethische Urteilsvermögen der Heranwachsenden zu fördern. Das bedeutet: Sie sollen lernen, geeignete kognitive Strukturen aufzubauen, die es ihnen ermöglichen, rational an die Bewältigung von Problem- und Fragestellungen heranzugehen, die durch die Themenbereiche im Unterricht aufgeworfen werden. Hierzu gehört die Fähigkeit zur rationalen Konfliktlösung und zu rationaler Argumentationsfähigkeit ebenso wie das Vermögen, derartige Sachverhalte tiefgründig, differenziert und unvoreingenommen zu analysieren, ohne bei äußerlich stark wirkenden Merkmalen stehen zu bleiben. Gerade Fragen und Probleme im *Werte und Normen*-Unterricht sind in der Regel emotional stark besetzt, so dass erhebliche Barrieren für eine rationale Durchdringung bestehen können.

Eine besondere Bedeutung kommt der Begriffsbestimmung und Begriffsanalyse zu. Die Aneignung stabiler und dauerhafter ethischer Orientierungen ist ohne ein Mindestmaß ethischen Begriffsverständnisses nicht möglich. Dabei ist die Methode der Begriffsanalyse ein wichtiges Mittel zur Herausbildung ethischer Urteilskraft. Auch hier ist es wichtig, dass bei der Einführung von Begriffen und bei der Strukturierung des Wissens der konkrete Bezug zur Erlebnis- und Erfahrungswelt der Schüler nicht verloren gehen darf. Verallgemeinerungen und Strukturierungen sind stets aus diesen Erfahrungen abzuleiten und immer wieder auf diese zurückzuführen.

Das Lehrbuch enthält entsprechende Angebote zur Begriffsbestimmung. Es ist durch die Untergliederung in überschaubare Sinneinheiten so aufgebaut, dass den Schülerinnen und Schülern Strukturen des Wissens sichtbar werden.

Kommunikation: In besonderer Weise vermag der *Werte und Normen*-Unterricht einen wichtigen Beitrag zur Erprobung und Einübung ethisch verantwortungsvollen Entscheidens und Handelns zu leisten. Im kommunikativen Miteinander, im Austausch von Gedanken, Gefühlen und Meinungen erwerben die Schülerinnen und Schüler kommunikative Kompetenz. Sie begeben sich gemeinsam auf die Suche nach Antworten zu den im Unterricht aufgeworfenen Sachverhalten. Die so beschriebene Kommunikationsqualität setzt einen Unterricht voraus, der nicht auf Instruktion reduziert, sondern eher dem »Aushandeln« von Lösungen verpflichtet ist.

So ist beispielsweise das ethische Gespräch, welches auch als sokratisches bezeichnet wird, ein anspruchsvolles Kommunikationsverfahren. Der Lehrer versucht in dieser Gesprächsform, einen ethischen Sachverhalt aus der Sicht und Fragehaltung der Schülerinnen und Schüler heraus zu entwickeln. Ein weiteres wichtiges Verfahren ist das Begründen von Meinungen, wie es insbesondere beim Argumentieren zum Ausdruck kommt. Auch das Gedankenexperiment, das spielerische Versuche mit Gedanken und fantastischen Möglichkeiten beinhaltet, ist unersetzbar für das Anliegen dieses Faches.

Aus unterrichtsmethodischer Sicht geht es weiterhin um Lernformen, bei denen spielerisch mit dem Unterrichtsgegenstand umgegangen wird. Gemeint sind u. a. folgende Formen: Rollenspiele, Dilemmageschichten, Übungen zur Selbst- und Fremdwahrnehmung, Standbild-Bauen, Pro-und-Kontra-Diskussionen oder Szenisches Spiel.

Handlungsorientierung: Das Lehrbuch und die Begleitmaterialien (Lehrerbegleitbuch mit Kopiervorlagen, Arbeitsheft) enthalten zahlreiche Anregungen für ein handlungsorientiertes Lernen im *Werte und Normen*-Unterricht. Im Kern geht es um Lernen durch praktisches Tun. Den Schülerinnen und Schülern werden Handlungsmöglichkeiten eröffnet, die darauf orientieren, sich mit ethisch relevanten Sachverhalten und Problemen selbstständig und kreativ auseinanderzusetzen. Es entstehen Handlungsprodukte, die das Ergebnis ganzheitlicher und schüleraktiver Unterrichtsgestaltung sind.

Beispiele für solche Tätigkeiten sind u. a.: literarische Texte schreiben, Collagen zusammenstellen, Plakate malen, Steckbriefe entwerfen, Erkundungsaufträge realisieren, Freundschaftsanzeigen schreiben, Fotosammlungen anfertigen, Comics zeichnen, Lebensnetze zusammentragen, Werbetexte kreieren, Mythen erfinden.

[1] Niedersächsisches Kultusministerium (Hg.): Curriculare Vorgaben für die Realschule – Schuljahrgänge 5/6 – Werte und Normen, Hannover 2004, S. 4.

Verzeichnis der Methoden im LBB

Anregungen zur Arbeit mit dem Lehrbuch

1. Kapitel: Erfahrungen des Lebens

Zentrales Anliegen des Kapitels ist das Bewusstwerden existentieller Erfahrungen des Menschen unterschiedlichster Art und Ausprägung. Sie betreffen das Innerste des Menschen, sein Selbst, sein Personensein. Wie die Schülerinnen und Schüler einerseits diese Erfahrungen bewusst reflektieren, lernen sie andererseits auch den Umgang mit diesen Begebenheiten und Zumutungen positiver und negativer Art kennen.

Erfolg haben – Misserfolg aushalten

Der Gliederungsabschnitt **Erfolg fällt nicht vom Himmel** ermöglicht einen Einstieg in die Erfolgs- bzw. Misserfolgsproblematik. Allgemeine Anforderungen für den Erfolg werden im Abschnitt **Wege zum Erfolg** thematisiert. Der Gliederungsabschnitt **Misserfolg und Enttäuschung immer schlimm?** will aufzeigen, wie einerseits Misserfolge zum Leben dazugehören, sie aber andererseits überwunden werden können.

Erfolg fällt nicht vom Himmel

Anregungen zum Einstieg

Methode: Einstieg — ***M 1***

Der Einstieg soll an das Vorverständnis der Schüler anknüpfen, in zentrale Aspekte des neuen Themas einführen und vor allem zu einer tragfähigen Motivation der Schüler führen. Er misst sich an folgenden Kriterien: Überschaubarkeit (nicht zu umfangreich), Unvollständigkeit (nicht alles schon vorwegnehmen), Anreiz zu Fragen, Förderung des Problembewusstseins etc. Es gibt unzählige methodische Möglichkeiten des Einstiegs. Stellvertretend werden einige angeführt:

- Kontrastieren: Es werden gegensätzliche Positionen zur Diskussion gestellt. Damit kann die Neugierde der Schüler geweckt und das Thema in den Fragehorizont der Schüler gerückt werden.
- Brainstorming ⇒ **M 13**: Technik fantasievoller Ideensammlung, aus der die Struktur des nachfolgenden Unterrichts abgeleitet wird.
- Karikaturen ⇒ **M 10**: Sie bringen ein Problem komprimiert, provokativ und zumeist auch witzig-ironisch auf den Punkt und bieten sich deshalb für den Einstieg in ein neues Thema an.

Erfolge – Misserfolge ⇒ **LB, S. 7**
Mit dem Auftrag, aus vorgegebenen Wortgruppen eine „Erfolgsgeschichte" zu schreiben und diese dann in eine „Misserfolgsgeschichte" umzuschreiben, werden die Schüler aufgefordert, eigene Erfahrungen hinsichtlich von Erfolg und Misserfolg zu reflektieren. Sie erfahren dabei, dass Erfolg und Misserfolg von veränderlichen Kriterien abhängig sind.

Zusätzliche Anregungen

Erfolg und Misserfolg im Spiel erlebt ⇒ **AH, S. 4/5**
Auch dieses Spiel eignet sich zum Einstieg in die Thematik. Beim Spiel »Erfolg und Misserfolg im Spiel erlebt« gelten die Regeln des »Mensch-ärgere-dich-nicht«-Spiels. Die Schüler werden auf spielerische Art und Weise an die Thematik herangeführt wobei eine erste inhaltliche Auseinandersetzung dadurch stattfindet, dass die Spielpartner ihre Bedeutungskärtchen vorlesen. Es bieten sich aber noch weitere Varianten an:

Möglichkeit 1 – Unterschiedliche Wertigkeit von Erfolg ⇒ **KV 1**

Die Bearbeitung der Kopiervorlage stellt hohe Anforderungen an die Abstraktionsfähigkeit der Schüler. Sie sollen aufschreiben, wie sie sich die Zuordnung unterschiedlicher Wertigkeit von Erfolg erklären. Zusätzlich ist zu jeder Zuordnungsgruppe ein eigenes Beispiel zu finden und aufzuschreiben.

Möglichkeit 2
Insgesamt werden durch das Spiel 36 Situationen zu Erfolg und Misserfolg vorgegeben. Sie eignen sich sehr gut als Vorlage für ⇒ **M 3** Rollenspiele oder ⇒ **M 2** Pantomime (siehe zusätzliche Anregungen). In Gruppenarbeit könnten sich die Schülerinnen und Schüler einzelne Situationen auswählen und diese ihren Mitschülern vorspielen.

Methode: Pantomime — ***M 2***

Wie beim Standbild-Bauen ⇒ **M 17** lassen sich durch die Pantomime Situationen darstellen und Gefühle zum Ausdruck bringen, ohne dass sich die Beteiligten verbaler Äußerungen bedienen müssen. Mit der Mimik, der Gestik, der Körperhaltung und der Bewegung im Raum verfügt der Mensch über außersprachliche Mittel. Im Unterschied zum Standbild-Bauen erfolgen die Aktionen im Spiel allein durch die Darsteller, ohne dass es eines Regisseurs bedarf. Auch wird kein »gefrorenes« Bild wie beim

Standbild-Bauen erstellt, sondern es erfolgen spielerische Aktionen mithilfe nonverbaler Mittel. Die Pantomime kann allein aber auch mit Partnern vorgeführt werden. In diesem Sinne handelt es sich um Rollenspiele, ohne dass es zum Gebrauch der Sprache kommt.

Eine Pantomime: Erfolg und Misserfolg ⇒ **M 2**
In Abhängigkeit von der konkreten Unterrichtssituation lassen sich natürlich auch andere Spielszenen realisieren. Anregungen lassen sich auch dem Arbeitsheft ⇒ **AH, S. 5** entnehmen. Sie können, wie oben angegeben, von Schülern allein oder in der Gruppe dargeboten werden. Im Anschluss an die Spielszenen wird das Dargebotene besprochen. Zuerst interpretieren die Zuschauer die Pantomime. Anschließend berichten die Darsteller über ihre Empfindungen und Einschätzungen.

(A) 1. Ihr führt eine Pantomime durch. Dabei dürft ihr nicht sprechen. Nur durch Gesichtsausdruck und durch Bewegungen sowie mit Hilfe der Arme und Beine drückt ihr aus, was ihr den Mitschülern sagen wollt.
2. Spielszenen:
- Du traust dich wegen einer schlechten Zensur nicht nach Hause.
- Trotz vieler Versuche schaffst du es nicht, die Kletterstange bis an die Spitze hinaufzuklettern. Dein Freund zeigt dir, wie du es schaffen kannst.
- Du hast dein Fahrrad auseinander genommen. Nun stehst du vor den einzelnen Teilen und bekommst es nicht wieder zusammen. Wie kannst du dir helfen?

3. Wer mitspielen möchte, zieht ein Los. Die Szene mit der entsprechenden Nummer wird vorgespielt. Die Mitschüler erraten, zu welcher Szene die Pantomime gehört. Ihr könnt auch eigene Erlebnisse vorführen, die mit Erfolg und Misserfolg zu tun haben.

Wege zum Erfolg

Zur Arbeit mit dem Lehrbuch

Ulrikes »Vier« ⇒ **LB, S. 9**
Wie im Lehrbuch angeregt, sollte die Auswertung der Geschichte »Ulrikes ›Vier‹« mit einem Rollenspiel ⇒ **M 3** verbunden werden. Es wird weiter vorgeschlagen, die Geschichte und alternative Varianten zunächst zu spielen und im Anschluss daran bzw. damit verbunden, die Aufgaben 1 bis 3 zu besprechen. Mit der Aufgabe 4 erfolgt eine Begriffsanalyse ⇒ **M 4** in Form einer Begriffspyramide, die zum tieferen Verständnis der Erfolgsproblematik beitragen soll.

Methode: Rollenspiel ***M 3***
Zu allen Themen des *Werte und Normen*-Unterrichts in den Klassen 5/6 lassen sich Rollenspiele durchführen. Rollenspiele eröffnen den Schülern die Möglichkeit, eine ungewohnte Perspektive einzunehmen (Jungen spielen Mädchen, Kinder spielen Erwachsene usw.). Dadurch kann die Empathiefähigkeit und das gegenseitige Verständnis gefördert werden. Beim Rollenspiel wird die Ausgangssituation (Problemstellung) vorgegeben. Der Spielverlauf entwickelt sich maßgeblich aus den Aktionen der Spieler. Beim spontanen Rollenspiel werden offene Rollenhinweise gegeben, welche die Spieler zur selbstständigen Ausgestaltung der Rolle anregen. Dagegen erfolgen beim angeleiteten Rollenspiel entsprechende Rollenvorgaben, welche die Aktionen der Schüler begrenzen und auf ein spezielles Ziel ausrichten. In der Unterrichtspraxis haben sich Rollenspielkarten bewährt, mit denen die Schüler Zusatzinformationen zur Charakteristik der Spielfiguren erhalten.

1. Es wird sich mit den Schülern auf ein konkretes und überschaubares Thema geeinigt, zu dem ein Rollenspiel durchgeführt werden soll. (V)
2. In Abhängigkeit davon, ob ein spontanes oder angeleitetes Rollenspiel geplant ist, erfolgt die Vorgabe der Zielstellung.
3. Die Rollen werden festgelegt.
4. Den Rollenträgern (Spielern) wird etwas Zeit eingeräumt, um sich in ihre Rolle »einzudenken« und sich Argumente für ihre Rolle zu überlegen.
5. Für die nicht unmittelbar am Spiel beteiligten Schüler sind Beobachtungsaufgaben festzulegen.
6. In der Auswertung des Rollenspiels werden zunächst – auf der Grundlage der Beobachtungsaufgaben – die Argumente der Rollenträger beurteilt. Die Rollenträger stellen sich den Anfragen ihrer Mitschüler.
7. Zum Abschluss des Rollenspiels erfolgt die verallgemeinernde Einordnung der Ergebnisse des Rollenspiels in den übergreifenden ethischen Zusammenhang.

Methode: Begriffsanalyse ***M 4***
Die Methode der Begriffsanalyse ist ein wichtiges Instrumentarium des *Werte und Normen*-Unterrichts. Abstrakte Begriffe, wie Erfolg, Wahrheit, Gerechtigkeit, Glück und Sinn, verfügen nicht über eine feststehende Bedeutung. Aus diesem Grund muss in Diskussionen festgelegt werden, wie eine Gruppe bestimmte Begriffe verstehen will. Zur Ergänzung dienen die zahlreichen Begriffserklärungen im Lehrbuch ⇒ **LB S. 186 ff.** Es gibt verschiedene Verfahren, die Klärung von Begriffen zu üben. Eines der wich-

tigsten davon ist das Herausfinden von *Modellfällen* für einen Begriff. Modellfälle sind Merkmale, die einen Begriff ausmachen, damit wir das Wesen eines Dinges, das er bezeichnet, auch erkennen. So lassen sich beispielsweise zum Begriff »Erfolg« verwandte Begriffe suchen, die Bedeutungsähnlichkeiten aufweisen. Das sind Ausdrücke wie »siegreich sein«, »tolles Gelingen«, »besondere Leistung«. Ein anderes Verfahren ist die *Wortfelduntersuchung*, bei der nach Begriffen (Substantive, Adjektive und Verben) gesucht wird, die den Schülern zum zu bestimmenden Begriff einfallen. Anregungen für eine Wortfelduntersuchung sind dem Lehrbuch ⇒ **S. 9** zu entnehmen. Mit einer *Begriffspyramide* werden die Eigenschaften eines Begriffs nach ihrer Wichtigkeit sortiert.

Zusätzliche Anregungen

Ich bin erfolgreich ⇒ **AH, S. 6**
Die Arbeitsheftseite könnte im Zusammenhang mit »Geschichte meiner Erfolge« ⇒ **LB, S. 10** eingesetzt werden. Während im Lehrbuch die allgemeinen Kriterien auf dem Weg zum Erfolg dargestellt werden, orientiert das Arbeitsblatt auf die persönliche Sicht eines Erfolgsrezeptes.

Meine Vorzüge – meine Mängel ⇒ **AH, S. 3**
Wenn es, wie im Lehrbuch ⇒ **S. 10** angesprochen, um »Stufen zum Erfolg« geht, dann werden vor allem Stärken und Schwächen angesprochen. Die Arbeitsheftseite »Meine Vorzüge – meine Mängel« ist geeignet zur reflektierenden Selbst- und Fremdeinschätzung.

Erfolg ist, wenn ...; Misserfolg ist, wenn ... ⇒ **KV 2**
Die Bearbeitung der Kopiervorlage ergänzt das reflektierende Nachdenken über Erfolg und Misserfolg. Zum einen sind Sätze zu Erfolg und Misserfolg zu vollenden und zum anderen Wörter zu finden, die Erfolg charakterisieren. Zugleich fördert und differenziert diese Aufgabe das Begriffsverständnis.

Misserfolg und Enttäuschung immer schlimm?

Zur Arbeit mit dem Lehrbuch

Daniel Ganz, 12 Jahre: »Sie wollen immer das Beste« ⇒ **LB, S. 12**
Die Auswertung der Geschichte sollte im Zusammenhang mit dem Schema »Warum Misserfolgserwartungen so schwer zu durchbrechen sind« entsprechend der Aufgabenstellung erfolgen. Ergänzend hierzu wird noch die Realisierung einer Übung vorgeschlagen.

1. Erstelle eine Liste eigener Misserfolge. Schreibe auf, welche Gründe du für deinen Misserfolg siehst, z. B. eigenes Versagen, fremde Schuld, einfach Pech oder andere Gründe. (A)
2. Sieh dir deine Liste genau an und prüfe noch einmal, ob du wirklich nur Pech gehabt hast oder wirklich nur die anderen schuld gewesen sind. Lass auch jemanden, der deinen Misserfolg erlebt hat, deine Liste prüfen.

Sitzengeblieben ⇒ **LB, S. 14**
Gerade Schüler, die oft Misserfolge erleben, leiden unter Unsicherheiten und Selbstzweifeln. Die Geschichte um Marcus P. zeigt, wie durch eigene Anstrengung und die Hilfe anderer Misserfolge überwunden werden können. Es wird empfohlen, die Erzählung abschnittsweise zu erschließen.

1. Abschnitt: schlechte Leistungen, Ablehnung durch Mitschüler, Unsicherheit, Probleme in der Familie; (V)
2. Abschnitt: Veränderung der familiären Verhältnisse, Wille zur Veränderung, neue Freundschaften, Überwindung der Unsicherheit, Unterstützung durch die Mutter.

Zusätzliche Anregungen

Hin- und hergerissen ⇒ **KV 3**
Den im Innersten eines Menschen manchmal zu beobachtenden Widerspruch zwischen Pflichterfüllung und Pflichtverletzung thematisiert diese Aufgabe. Das bedeutet auf die Erfolgsproblematik bezogen: Erfolgreich zu sein und Misserfolge zu überwinden heißt auch, sich innerlich durchzuringen, das Richtige zu tun.

Wahrheit und Lüge

Einführend werden die Schüler im Abschnitt **Irren ist menschlich. Lügen auch?** mit der ganzen Spannbreite dieser Thematik vertraut gemacht. Im Gliederungsabschnitt **Welche Folgen kann das Lügen haben?** erfolgen differenzierte Erörterungen zu verschiedenen Formen des Lügens. Der Abschnitt **Jakob und Jeremia: Vom Lügen in der Bibel** befasst sich mit christlichen Aussagen zum Lügen. Unter welchen Ausnahmesituationen die Wahrheit vielleicht sogar schädlich sein kann, wird abschließend im Abschnitt **Muss ich immer die Wahrheit sagen?** zur Diskussion gestellt.

Anregungen zum Einstieg

Lüge ⇒ **LB, S. 15**
Als Einstieg wird ein deduktives Vorgehen gewählt, bei dem zunächst eine begriffliche Klärung (Begriffsklärung Lüge) erfolgt, um dann im weiteren Verlauf des Unterrichts zu vielfältigen Anwendungen und Beispielen fortzuschreiten.

Folgende Arten von Lügen werden in der Begriffsklärung genannt: bewusst falsche Aussage; auf Täuschung ausgelegte Aussage; absichtliches Verschweigen von Tatsachen; Höflichkeitslüge; Notlüge; Lüge aus Schonungsabsicht.

Zur Arbeit mit dem Lehrbuch

Methode: Collage anfertigen ***M 5***
Collagen sind zusammengesetzte oder zusammengestellte – seltener auch mit zeichnerischen Elementen komplettierte – Klebebilder aus verschiedenen Materialien unterschiedlicher Herkunft. Als Material eignen sich Fotos, Textbausteine, buntes Papier, Bilder, Stoffreste etc. Aus ihnen entsteht eine vom Schüler gewollte Bildaussage, indem die Formen verändert, Bildelemente in andere integriert, Teile weggelassen bzw. ergänzt werden oder Texte einen anderen Kontext erhalten.

(Nach: Helge Eisenschmidt: Stichwort »Collage«. In: Astrid Kaiser (Hg.): Lexikon Sachunterricht. Schneider-Verlag, Baltmannsweiler 1997, S. 25.)

Projektaufgabe: Erstellung einer Collage ⇒ **LB, S. 15**
Die anzufertigende Collage könnte als Materialfundus für den folgenden Unterricht zum Thema »Wahrheit und Lüge« dienen. Es kommt bei der Erstellung der Collage darauf an, die Schüler recherchieren zu lassen, inwieweit Lügen und Betrug in unserem Alltag öffentlich wahrgenommen werden.

Zusätzliche Anregung

Rätsel: Übers Lügen
Ein Wanderer, der sich verirrt hat, kommt an eine Weggabelung. Von dort führt ein Weg in die Wildnis, der andere in die nächste Stadt. Es wird dunkel, der Wanderer kennt sich nicht aus, und es gibt keine Wegweiser. An der Gabelung stehen zwei Männer, von denen einer immer die Wahrheit sagt, der andere immer lügt. Der Wanderer weiß aber nicht, wer von beiden die Wahrheit sagt und wer lügt. Wie muss er fragen, um sicher den Weg in die Stadt zu erfahren?
Lösung:

Der Wanderer muss fragen: »Wenn ich den anderen frage, welcher Weg in die Wildnis führt, wohin wird er zeigen?« Egal, wen er fragt, der Gefragte wird jeweils auf den Weg in die Stadt deuten.

(Aus: Rainer Erlinger: Lügen haben rote Ohren. Ullstein Buchverlage GmbH, Berlin 2004, S. 30.)

Irren ist menschlich. Lügen auch?

Zur Arbeit mit dem Lehrbuch

Schwierigkeiten mit der Wahrheit ⇒ **LB, S. 16**
Bei den Beispielen »Schwierigkeiten mit der Wahrheit« handelt es sich um lebensnahe Situationen aus dem Alltag der Schüler. Jedes Beispiel erfasst eine andere Nuance des Lügens. Es ist wichtig, dass mit den Schülern die Unterschiede zwischen den verschiedenen Formen bzw. Anlässen des Lügens herausgearbeitet werden, zugleich aber auch – wie in A2 gefordert – Varianten des Verhaltens zu besprechen sind.

Zusätzliche Anregungen

Ist lügen und lügen immer dasselbe? ⇒ **AH, S. 8**
Die Seite des Arbeitsheftes lässt sich gut mit dem Text im Lehrbuch »Schwierigkeiten mit der Wahrheit« ⇒ **LB, S. 16** verbinden. Es werden sechs Formen bzw. Gründe der Lüge vorgegeben, zu denen die Schüler jeweils ein Beispiel aufzuschreiben haben. In einer fünfstufigen Skala von »voll zulässig« bis »überhaupt nicht zulässig« kreuzen die Schüler an, wie sie zu den einzelnen Formen bzw. Gründen der Lüge stehen.

Diskussion: Was wäre, wenn …
Es werden zwei Fragestellungen bearbeitet.
Fragestellung 1: Was wäre, wenn alle Menschen lügen würden?
Fragestellung 2: Was wäre, wenn alle Menschen (immer) die Wahrheit sagen würden?

1. Zunächst sollten die Schüler durch eine Befragung (Familie, Schule, Freizeit) möglichst viele Meinungen zu diesen Fragen erkunden. (V)
2. In Arbeitsgruppen werden die wesentlichen Ergebnisse zu beiden Fragestellungen zusammengefasst.
3. Vertreter der einzelnen Arbeitsgruppen erläutern den Standpunkt ihrer Arbeitsgruppe. Unter Leitung eines Diskussionsleiters diskutieren alle über die aufgeworfenen Fragen.

Täuschungen ⇒ **LB, S. 17**
Die Schüler sollen in die Lage versetzt werden, Täuschungen zu durchschauen. Das geschieht hier am Beispiel von Wörtern, die einen Sachverhalt beschönigend darstellen und von Fotos, die der Manipulation dienen.

Täuschung: [...] bewusste Irreführung, die auf Vorstellung und Handeln eines anderen in einem bestimmten Sinn einwirken soll; Tatbestandsmerkmal des Betrugs.

(Brockhaus Bd. 21, 1993, S. 662.)

Methode: Erschließung von Fotos ***M 6***

Die Erschließung von Fotos sollte wie folgt vorgenommen werden:

In einem ersten Schritt steht die inhaltliche Analyse der Fotos im Vordergrund. Dabei geht es zunächst um die Beschreibung der Fotos: Sind auf den Fotos Personen (Mimik und Körpersprache), Handlungen (situativer Bezug), Gegenstände oder Symbole zu sehen? Sind den Fotos textliche Angaben beigefügt?

Der zweite Schritt beinhaltet die Deutung der Fotos. Wie werden die einzelnen Aspekte (erster Schritt) zu einer Gesamtaussage zusammen gefügt. Die Aufgabe im Lehrbuch ⇒ **LB, S. 17** entspricht einer solchen interpretatorischen Aufgabenstellung.

Ein dritter Schritt nutzt den impulsgebenden Charakter der Fotos und fordert die Schüler dazu auf, eigene Texte zu verfassen. Die Schüler schreiben unter einem bestimmten Gesichtspunkt einen Kommentar zu einem selbst ausgewählten Foto. Aus einer Momentaufnahme müssen sie eigene Antworten auf ethische Frage- und Problemstellungen finden.

Können Bilder lügen? ⇒ **LB, S. 17**
Zunächst sind, wie im 1. Schritt vorgeschlagen, beide Bilder nach den vorgegebenen Kriterien zu analysieren. Bezogen auf den 2. Schritt sollen die Schüler erkennen, dass die Manipulation durch die Veränderung des Bildausschnitts und der entsprechenden textlichen Beifügung (»Stimme der Märtyrer«, »Zittere Breschnew«) erfolgt. Möglich wäre es auch, zu beiden Fotos Titel durch die Schüler finden zu lassen. Wie im 3. Schritt angeregt, wird der impulsgebende Charakter der Fotos für Schüleraktivitäten genutzt. Die Übung im Lehrbuch ⇒ **LB, S. 17** unten entspricht einer solchen Aufgabenstellung.

Als Variante bietet es sich an, den Schülern zwei Kommentare zu einem Foto schreiben zu lassen, das sie selbst ausgewählt haben. Zum einen formulieren sie ihre Aussage positiv und zum anderen äußern sie sich zum gleichen Foto negativ.

Zusätzliche Anregungen

Es wird empfohlen, Täuschungen im Alltag noch umfassender zu behandeln, als es vom Lehrbuch vorgeschlagen wird. Untersucht werden Täuschungen durch Werbesprüche sowie »Tricks« der Supermärkte. Methodisch werden die Täuschungen vor allem über Erkundungen der Schüler realisiert ⇒ **M 7**.

Methode: Erkundung ***M 7***

Wie keine andere Methode öffnet die Erkundung Räume des »Begehens«, »Begreifens« und »Entdeckens«. Damit leistet die Erkundung einen Beitrag zur Kompensation des Verlusts an unmittelbaren Erfahrungen. Die Wirklichkeit soll unmittelbar und nicht über symbolische Vermittlung erfahren werden. Anregungen zum Ablauf einer Erkundung:

1. Vorbereitung im Unterricht: Die Vorbereitung umfasst eine inhaltliche und eine organisatorische Seite. Inhaltlich geht es darum, den Unterricht so zu steuern, dass die Schüler das Bedürfnis verspüren, die behandelte Sache einer Klärung vor Ort zuzuführen. Organisatorisch geht es darum, die Erkundung so vorzubereiten, dass jeder Schüler genau weiß, was er zu tun hat. Falls Gruppenerkundungen vorgesehen sind, muss festgelegt werden, wer Fragen stellen, protokollieren, skizzieren, fotografieren und sonstige Aufgaben erfüllen soll.

2. Die eigentliche Erkundung: Die Lernenden eignen sich selbstständig einen Ausschnitt der Welt an. Sie praktizieren die Methode des entdeckenden Lernens. Es gibt die Alleinerkundung, die Gruppenerkundung und die Klassenerkundung. Während einer Erkundung interagieren die Lernenden untereinander sowie mit den Menschen am Erkundungsort. Die wesentlichen Arbeitstechniken sind: die Beobachtung, das Interview, d. h. die mündliche Befragung sowie der Fragebogen.

3. Auswertung und Dokumentation: Die Auswertung der Erkundung soll die Ergebnisse sichten, ordnen, interpretieren und in den Zusammenhang zum zu erörternden Unterrichtsgegenstand stellen. In methodischer Hinsicht kann die Auswertung als freies Berichten oder in Gestalt kleiner Vorträge erfolgen bzw. in Form schriftlicher Protokolle vorgenommen werden. Möglich ist es auch, die Ergebnisse der Erkundung in einer Dokumentation zusammenzufassen. Das kann in Form einer Klassenzeitung, eines Beitrags für die Schülerzeitung, einer schul- oder gemeindeöffentlichen Ausstellung oder einer Foto-Dokumentation erfolgen.

(Nach: Joachim Detjen: Erkundungen und Sozialstudien. In: Siegfried Frech/Hans-Werner Kuhn/Peter Massing (Hg.): Methodentraining für den Politikunterricht, Wochenschau Verlag, Schwalbach/Ts. 2004, S. 195ff.)

(A) Täuschungen durch Werbesprüche

1. Sammelt Werbesprüche aus Radio, Zeitschriftenanzeigen oder Fernsehen, die ihr besonders witzig oder gut findet. Tragt diese Sprüche in einer Liste zusammen. Überprüft, wie viele der Aussagen vermutlich korrekt und nachweisbar sind.

2. Sucht euch jeweils eine Werbung/einen Werbespruch heraus und verändert ihn so, dass er eine korrekte Aussage über das Produkt macht (möglicherweise müsst ihr den Spruch durch einen völlig neuen ersetzen).

3. Zeigt euch eure Lösungen gegenseitig und diskutiert, ob ihr euch ein Leben ohne »täuschende« Werbung vorstellen könnt.

(A) Die »Tricks« der Supermärkte

1. Achte beim nächsten Mal, wenn du einen Supermarkt betrittst, auf die Anordnung der Produkte insbesondere im Eingangsbereichsbereich und vor der Kasse. Kannst du bestimmte Verkaufsstrategien erkennen?

2. Nimm Stift und Zettel mit in den Supermarkt und notiere, welche deiner Sinne besonders angesprochen werden: Welche Art Musik wird gespielt? Welche Gerüche und Farben sind besonders auffällig?

3. Ziel der Ladendesigner ist es, durch diese »Tricks« das Einkaufen als »sinnliches Erlebnis« zu gestalten. Überlege dir die Vorteile und die Nachteile dieser Strategie für den Kunden.

4. Hat diese Art der Täuschung oder Beeinflussung etwas mit Betrug zu tun? Diskutiert eure Meinungen in der Klasse.

(Nach: Leo Kauter/Lena Morgenthau: Vom Lügen, Betrügen und der Moral. Verlag an der Ruhr, Mülheim an der Ruhr 2003, S. 33f.)

Welche Folgen kann das Lügen haben?

Anregungen zum Einstieg

Das Rasiermesser meines Vaters ⇒ **KV 4**
Mittels dieser Geschichte wird ein literarischer Einstieg vorgeschlagen. In dem ausgewählten Romanausschnitt wird besonders deutlich, wie es durch Lügen zu Störungen der sozialen Beziehungen zwischen Vater und Sohn kommt. Insbesondere der durch das Lügen entstandene Vertrauensverlust wird durch die Geschichte thematisiert.

Bevor die Schüler, wie in der Aufgabenstellung der ⇒ **KV 4** vorgeschlagen, den Text weiter schreiben, könnten folgende Fragen besprochen werden:

(A)
1. Welche Ursachen führen zu der Wut des Vaters?
2. Was ist damit gemeint, wenn sich der Vater Sorgen um den Charakter seines Sohnes macht?
3. Worin besteht eurer Meinung nach die Hauptursache dafür, dass der Vater seinen Sohn schlägt?
4. Warum fragt der Vater noch Jahre später den Sohn nach seinem Rasiermesser und warum sagt dieser nicht die Wahrheit?

Methode: Schreiben literarischer Texte ***M 8***

Warum ist der Widerstand gegen das Schreiben beim Verfassen literarischer Texte geringer, als dies bei den meisten Textsorten der Fall ist? Die Antwort: Es macht mehr Spaß. Literarische Texte haben wegen ihrer Fiktionalität etwas Spielerisches. Gespielt wird mit fiktiven Personen, ihren Gefühlen und Gedanken, mit fiktiven Begebenheiten, fiktiven Verfassern und fiktiven Adressaten. Das Spiel setzt sich leicht über die Wirklichkeit hinweg und kompensiert die Mühe der Wahrheitsfindung. Die Fiktionalität der Texte ermöglicht auch, risikofrei das zu sagen, was man sich sonst scheuen würde. [...]

Wie kann der Unterricht das Schreiben literarischer Texte vorbereiten? Oft genügt es, das Thema zu nennen und die wesentlichen Züge der infrage kommenden Textsorten zu beschreiben. Man sollte den Schülern stets mehrere Schreibmöglichkeiten vorschlagen und ihnen erlauben, sich auch selbst eine Form auszudenken. [...]

Zum Zeitpunkt des Schreibauftrags kurz dies: Schülertexte können am Anfang einer Unterrichtssequenz eingesetzt werden, wenn es darum geht, einen Themen- oder Problemkreis zu eröffnen. Im Laufe der Sequenz werden sie fruchtbar, wenn es um die Veranschaulichung abstrakter Sätze oder die Anwendung von allgemeinen Normen geht. [...]

Der Zeitrahmen für das Verfassen literarischer Texte: Er sollte großzügig bemessen sein, da die zunächst vagen Vorstellungen Zeit brauchen, um so weit zu gedeihen, dass sich Brauchbares abzeichnet. [...]

Was geschieht nun mit den Texten, die die Schüler verfasst haben? Zunächst dies: Es müssen keineswegs alle Texte im Unterricht besprochen werden. Nicht jedem Schüler ist es recht, wenn seine Arbeit öffentlich wird. [...] Wenn aber Texte im Unterricht besprochen werden, besteht ein besonderer Reiz darin, dass bei Interpretationsschwierigkeiten der Verfasser selbst befragt werden kann [...].

(Helmut Engels: Literarisches Philosophieren. In: Ethik & Unterricht, 1/2003, S. 16ff.)

Zur Arbeit mit dem Lehrbuch

»Wer einmal lügt ... « ⇒ **LB, S. 19**
Zusätzlich zu den Aufgaben 3 – 5 im Lehrbuch ⇒ **LB, S. 19** suchen die Schüler sich ergänzende Wörter, die der Vertiefung des Begriffsverständnisses durch eine Begriffsanalyse ⇒ **M 4** dienen.

(A) 1. Sucht sich ergänzende Wörter zu Lüge und Wahrheit, die im Zusammenhang zu den beiden Begriffen stehen. Beispiele: Schwindel – Lüge – List; Lügen – Tricksen – Flunkern; Wahrheit – Ehrlichkeit – Aufrichtigkeit; Lüge – Hinterhältigkeit – Verschlagenheit; Wahrheit – Schlauheit; Lüge – Verrat – Verleumdung.
2. Kennzeichnet jene Begriffe, die ihr positiv bewertet mit der Farbe grün und die anderen Begriffe, die ihr negativ einschätzt mit der Farbe rot.
Für die 2. Aufgabe müssten die Begriffe an der Tafel angeschrieben werden. Alternativ ist es auch möglich, die ergänzenden Wörter vorzugeben und den Schülern deren Bedeutung erklären zu lassen.

Ist Verschweigen lügen? ⇒ **LB, S. 20**
Bevor die Schüler mit ihren Schreibversuchen: ⇒ **Ü, LB, S. 20**; ⇒ **M 8** beginnen, sollte die Erzählung besprochen und die Idee herausgearbeitet werden, die diese Erzählung enthält. Im Kern geht es dabei um den schwierigen Umgang mit der Wahrheit: Ist Verschweigen lügen? Während einerseits von der Tochter Wahrhaftigkeit verlangt wird, nehmen es die Eltern andererseits damit nicht so genau. In diesem Sinne will die Erzählung dazu anregen, darüber nachzudenken und anzuerkennen, dass für alle Beteiligten die gleichen Maßstäbe bei der Durchsetzung von Wahrheit gelten.

Schwierigkeiten mit der Wahrheit ⇒ **AH, S. 7**
Es werden zwei Geschichten von Altersgefährten der Schüler vorgestellt, die sich sehr gut im Zusammenhang mit der Erzählung »Ist Verschweigen lügen?« ⇒ **LB, S. 20** bearbeiten lassen. Ergänzend zu den Sprichwörtern im Lehrbuch ⇒ **LB, S. 19** werden die Schüler im Arbeitsheft ⇒ **AH, S. 7** weiterhin aufgefordert, die passenden Sprichwortteile zusammenzusetzen und angeregt, zu einem selbst ausgewählten Sprichwort eine kleine Geschichte zu schreiben.

Schummeln in der Schule ⇒ **LB, S. 22**
Bei dieser Lehrbuchseite ist die Nutzung des Internets durch die Schüler nicht vorgesehen, da die Internetseite www.hausaufgaben.de kostenpflichtig ist. Anhand der Fragestellung soll die ethische Dimension des Schummelns mit Hausaufgaben erarbeitet werden. Da es aber nicht völlig auszuschließen ist, dass Schüler die Internetseite aufrufen, hat der Verlag die Zugriffsmöglichkeiten abgeklärt. Die Gefahr einer irrtümlichen Anmeldung scheint nicht gegeben zu sein, weil der mögliche Nutzer persönliche Daten einzugeben hat sowie auf die Kostenpflichtigkeit hingewiesen wird. Ein Vertrag kann im Lebensalter der Schüler dieser Klassenstufe nur mit Zustimmung der Eltern abgeschlossen werden.

Ein Spiel: Auf dem Basar ⇒ **AH, S. 9**
Bei diesem Spiel wird jeweils ein Spielerpaar gebildet – der eine ist Verkäufer, der andere tritt als Käufer in Erscheinung. Nach dem Zufallsprinzip erwerben der Verkäufer und der Käufer Rollenkarten und Karten mit Persönlichkeitsmerkmalen. Von der Konstellation dieser Karten ist es abhängig, wie die Spieler reagieren.

Muss ich immer die Wahrheit sagen

Mit besten Absichten lügen ⇒ **KV 5**
In leistungsstarken Klassen könnte die Auseinandersetzung zwischen dem französischen Philosophen Benjamin Constant (1767–1830) und dem deutschen Philosophen Immanuel Kant (1724–1804) besprochen werden. Die altersgemäß vereinfachte Kantsche Argumentation soll mit dem prinzipienorientierten Lügenverbot vertraut machen, das für Kant immer und ohne Einschränkungen gilt. Vor diesem Hintergrund lassen sich die nachfolgende Beispiele »Der Tod des Iwan Iljitsch« ⇒ **LB, S. 24**, »Jakob der Lügner« ⇒ **LB, S. 25** und die Beiträge in der »Schülerzeitung« ⇒ **LB, S. 26** besser einordnen. Die Aussagen der beiden Philosophen sollten schrittweise erschlossen werden.

Hintergrundwissen: Typologie der Lüge
1. (a) die wohlwollende und (b) die bevormundende Lüge
2. (a) die Lüge aus Notwehr und (b) die eigennützige Lüge
3. (a) die Lüge zum Schutz der Privatsphäre und (b) die Lüge aus Untreue

1. *Die wohlwollende Lüge* unterscheidet sich von der *bevormundenden Lüge* dadurch, dass sie sich neben der Rücksicht auf eine ernst zu nehmende Schwäche des Belogenen auch auf die Vermutung seines Einverständnisses stützt. Wer den anderen in wohlwollender Absicht belügt, maßt sich nicht an, besser zu wissen, worin sein Glück liegt. Er will den anderen nicht durch Täuschung gegen seinen Willen zu seinem Glück zwingen, sondern lügt in der Annahme, der andere wolle in einer solchen Situation der Schwäche lieber belogen werden, als die Wahrheit hören. Wer fürchtet, von anderen durch Lügen in ein »Paradies der Dummen« verbannt zu werden, kann sich eine solche Art des Wohlwollens im Ein-

zelfall durch ausdrückliche Erklärung verbitten und unerwünschten Rücksichten damit die Grundlage entziehen.
2. Die *Lüge aus Notwehr* orientiert sich nicht am individuellen Gefühl der Bedrohung, sondern am gleichen Prinzip der Freiheit. Nicht jede Beeinträchtigung meiner Freiheit durch andere rechtfertigt Abwehrmaßnahmen, entscheidend ist die Vereinbarkeit meiner Freiheit mit der Freiheit der anderen. Der Mörder auf der Suche nach seinem Opfer, die Ladendiebin oder der Schwarzfahrer können sich nicht auf Notwehr berufen, wenn sie lügen, um Sanktionen zu vermeiden, die im Sinne aller gerechtfertigt sind. Hier geht es nur um Vermeidung individueller Nachteile, also um eine *Lüge aus Eigennutz*. Aus Notwehr handeln diejenigen, die einen ungerechtfertigten Angriff auf ihre Freiheit abwehren wollen.
3. Die *Lüge zum Schutz der Privatsphäre* setzt voraus, dass andere kein Recht darauf haben, den fraglichen Sachverhalt zu erfahren. Das ist immer dann der Fall, wenn die anderen von diesem Sachverhalt selbst nicht betroffen sind. Allerdings ist eine derart klare Grenzziehung in den wenigsten Fällen möglich. Dann liefert das Feld der gemeinsamen Angelegenheiten das entscheidende Kriterium zur Abgrenzung von der Privatsphäre. Nur was nicht in den Bereich von Treueversprechen und alltäglicher, eingelebter Kooperation fällt, kann als Privatsphäre der Kommunikation entzogen und durch Lügen geschützt werden. Eine Lüge, die den anderen im Feld der gemeinsamen Angelegenheiten täuscht, ist eine *Lüge aus Untreue*.

(Simone Dietz: Die Kunst des Lügens. Rowohlt, Reinbek bei Hamburg 2003, S. 142f.)

(V) Bei der Besprechung der Beispiele sollte *Eine Typologie der Lüge* es erleichtern, eine Unterscheidung in »zulässige Lügen« und »unzulässige Lügen« vorzunehmen. Es wird sich aber zeigen, dass eine klare Grenzziehung nicht immer möglich sein wird.

Recht und Gerechtigkeit in meinem Leben

Einführend setzen sich die Schüler im Abschnitt **Meine Rechte – meine Pflichten** mit dem Zusammenhang von Rechten und Pflichten auseinander. In Verbindung damit wird das Problem des Umgangs mit Unrecht besprochen. Der Gliederungsabschnitt **Was ist gerecht, was ungerecht** macht die Schüler mit den verschiedenen Dimensionen der Gerechtigkeit und Ungerechtigkeit vertraut. Dabei soll die Fähigkeit der Schüler entwickelt werden, ihr Wissen zu diesem Problemkreis auf Alltagssituationen anzuwenden.

Meine Rechte – meine Pflichten

Anregung zum Einstieg

Zur Einführung sollte das Lied von Herbert Grönemeyer vorgespielt werden. In seinen Intentionen bezieht es sich auf die Gesamtproblematik dieses Abschnitts.

Herbert Grönemeyer: Kinder an die Macht (Z)

Die Armeen aus Gummibärchen
die Panzer aus Marzipan
Kriege werden aufgegessen
einfacher Plan
kindlich genial.
Es gibt kein Gut
es gibt kein Böse
es gibt kein Schwarz
es gibt kein Weiß.
Es gibt Zahnlücken.
Statt zu unterdrücken
gibt's Erdbeereis auf Lebenszeit.
Immer für 'ne Überraschung gut.
Gebt den Kindern das Kommando
Sie berechnen nicht, was sie tun.
Die Welt gehört in Kinderhände
– dem Trübsal ein Ende.
Wir werden in Grund und Boden gelacht
Kinder an die Macht!

Sie sind die wahren Anarchisten,
lieben das Chaos,
räumen ab,
kennen keine Rechte,
kennen keine Pflichten,
Noch ungebeugte Kraft
Massenhaft
Ungestümer Stolz ...
Gebt den Kindern das Kommando ...

(Text aus: Zeitschrift für Didaktik der Philosophie und Ethik, 2/1995, S. 98.)

(A)
1. Könnten Kinder die Welt gerechter machen, wenn sie das Kommando hätten? Warum? Warum nicht?
2. Was könnte Grönemeyer mit den Zeilen meinen »kennen keine Rechte, kennen keine Pflichten«?
3. Schreibt einen fiktiven Brief an Herbert Grönemeyer, in dem ihr Fragen stellt und erste Antworten formuliert.

Rechte des Kindes ⇒ **AH, S. 10**
Es bietet sich an, an dieser Stelle oder im Zusammenhang mit der Aufgabe »Der Ballon« ⇒ **LB, S. 28** diese Seite des Arbeitsheftes hier einzusetzen. Es geht zum einen um die wichtigsten Rechte der Kinder und zum anderen um den Zusammenhang von Rechten und Pflichten. Die Schüler haben die Aufgabe, Pflichten zu formulieren, die sich aus Rechten ergeben.

Zur Arbeit mit dem Lehrbuch

(V) Als Einstieg bietet es sich an, mit einem Impuls zu beginnen, der die zentrale Idee des vorgesehenen Unterrichtsabschnitts enthält.

Zu dem Satz »Wenn ich an die Wiedergutmachung von Unrecht denke, ...« schreibt jeder Schüler seine Gedanken auf. Der Satz sollte von jedem Schüler jeweils zweimal beendet werden. Aus den Antworten der Schüler werden die Schwerpunkte der weiteren Unterrichtsarbeit abgeleitet.

Kinder als Straftäter ⇒ **LB, S. 29**
Im Zusammenhang mit der Realisierung des Rollenspiels ⇒ **M 3** wird über Strafen für Strafunmündige gesprochen. Es wird empfohlen, zunächst die Schülererfahrungen zu dieser Problematik aufzugreifen. Insbesondere sollte mit den Schülern besprochen werden, welche Strafen sie für gerechtfertigt halten. Bei der Einschätzung der Strafe sollte darauf eingegangen werden, was sie an der Strafe als gerecht und was als ungerecht empfinden.

(V) Die drei Spalten werden als Tafelbild zusammen mit den Schülern ausgefüllt.

Kinder als Straftäter	Mögliche Strafen	Einschätzung der Strafe
• Diebstahl		
• Zerstörung von Schulmöbeln		
• Gewalt gegen Mitschüler		
• Beschmieren von Wänden		

Hintergrundwissen: Straffähigkeit nach Altersgruppen
• Kinder bis 14 Jahre: nicht straffähig, § 19 Schuldunfähigkeit des Kindes (StGB)
Schuldunfähig ist, wer bei Begehung der Tat noch nicht vierzehn Jahre alt ist. Kinder sind schuldunfähig im Sinne des Strafgesetzes. Dies bedeutet aber nicht, dass sie ohne Bestrafung oder besondere Erziehungsmaßnahmen davonkommen. Die Regeln hierfür finden sich im Kinder- und Jugendhilfegesetz (KJHG). Auch die Unterbringung in geschlossenen Heimen ist möglich.
• Jugendliche 14–18 Jahre: Verurteilung nach dem milderen Jugendstrafrecht
• Heranwachsende 18–21 Jahre: Je nach Reifegrad wird das Jugend- oder das Erwachsenenstrafrecht angewendet.
• Erwachsene über 21 Jahre: voll straffähig nach dem Erwachsenenstrafrecht

Hintergrundwissen: Täter-Opfer-Ausgleich ⇒ LB, S. 30
Der Täter-Opfer-Ausgleich dient dem gewaltfreien Umgang mit Konflikten. Als ein Teil einer umfassenden Konfliktkultur soll er Ausgleich schaffen, wenn Schüler durch Beleidigung, Mobbing, körperliche Gewalt o. a. von Mitschülern geschädigt werden. Ziel ist es, dass der Täter sich mit der Perspektive des Opfers auseinandersetzt, eigenes Verhalten reflektiert und eine Wiedergutmachung leistet. Mit der Streitschlichtung ⇒ **LB, S. 57** und ⇒ **M 15** haben die Schüler ein weiteres Modell gewaltfreier Konfliktbearbeitung kennen gelernt. Die nachfolgenden Beurteilungskriterien für einen Täter-Opfer-Ausgleich dienen dem Lehrer als Orientierung bei der Unterrichtsgestaltung.
1. Die Begegnung mit dem Opfer macht dem Täter drastisch klar, was er angerichtet hat. Es ist eine heilsame Gegenüberstellung.
2. Die Geschädigten können dabei über ihre Ängste und Wut sprechen. In Gerichtsverfahren treten sie nur als Zeugen auf.
3. Eine richtige Gerichtsmaßnahme mit Verhandlung ist wirkungsvoller als ein Täter-Opfer-Ausgleich. Sie schreckt mehr ab.
4. Die Strafe wird von Opfer und Täter ausgehandelt. Das geht mehr »unter die Haut« als ein Gerichtsurteil.
5. Manche Täter lernen im Täter-Opfer-Ausgleich, dass man Konflikte nicht nur mit Fäusten, sondern in Gesprächen und Verständigung austragen kann.
6. Auch wenn ein Täter recht »cool« in den Täter-Opfer-Ausgleich geht, kann die Begegnung mit dem Opfer zu Betroffenheit führen. Es wächst das Bewusstsein, einem Anderen Schlimmes angetan zu haben.

(Nach: Arbeitsgemeinschaft Jugend & Bildung e. V. (Hg.): basta. Nein zur Gewalt. Ein Heft für Jugendliche, 1999/2000, S. 15.)

Du fühlst dich als Opfer ⇒ **AH, S. 22**
Das Arbeitsblatt eignet sich hervorragend zur Vertiefung der Problematik »Täter-Opfer-Ausgleich«. Es kann im Zusammenhang mit dem Rollenspiel ⇒ **M 3** eingesetzt werden. Es ist aber auch eigenständig nutzbar. Hier stehen insbesondere die Belange des Opfers im Mittelpunkt der Betrachtung.

Was ist gerecht, was ungerecht?

Anregungen zum Einstieg

Gerecht und fair sein ⇒ **LB, S. 31**
Mit vier lebensnahen Situationen wird in die Thematik eingeführt. Anhand dieser Beispiele werden die Erfahrungen der Schüler mit Ungerechtigkeit angesprochen. Sie dienen als Impuls, um eigene Situationen zu dieser Problematik ins Gespräch zu bringen. Die Gerechtigkeitsproblematik wird hier unmittelbar an das Lebensumfeld der Schüler geknüpft. Die Schüler sollen sich in die Lage anderer versetzen, wenn diese ungerecht behandelt werden. Die Bereitschaft und Fähigkeit, sich in die Erlebniswelt anderer Menschen einzufühlen, wird mit dem Begriff »Empathie« beschrieben. Gerade für das Miteinander in unserer Gesellschaft ist diese Kompetenz unverzichtbar.
Die Beispiele »Gerecht und fair sein« stehen zur selbstständigen Bearbeitung auch als ⇒ **KV 6** zur Verfügung.

(V) Ein Spiel zur Gerechtigkeit
Zur Einführung in diesen Abschnitt eignet sich ein Spiel, mit dem die Schüler für Fragen der Gerechtigkeit sensibilisiert werden. Folgende Anleitungen werden zur Durchführung gegeben:

1. Lasst uns etwas über Gerechtigkeit sprechen. Ich werde zehn verschiedene Steine in die Mitte legen. Das sind Steine der Gerechtigkeit bzw. der Ungerechtigkeit. Jeder von euch soll gleich an irgendeine Gelegenheit denken, bei der ihm etwas passiert ist, was entweder sehr fair oder sehr unfair war. Damit ihr euer Gedächtnis durchsuchen könnt, will ich euch ein paar Fragen stellen.
- Habt ihr schon einmal eine große Ungerechtigkeit erlebt? Betraf das euch selbst? Einen anderen Menschen?
- Habt ihr schon einmal etwas Ungerechtes getan? Was ist überhaupt das Ungerechteste, was ihr euch vorstellen könnt?
- Wie gerecht geht es in dieser Gruppe zu? Kennt ihr einen Menschen, den ihr ziemlich gerecht findet? Kennt ihr jemanden, den ihr ziemlich ungerecht findet?

2. Gleich kann jeder über seine Erlebnisse mit Gerechtigkeit sprechen. Ihr könnt über Gerechtes und Ungerechtes berichten. Und je nachdem, wie eure Gefühle dabei sind, könnt ihr einen passenden Stein auswählen. Wenn euch der Vorfall sehr belastet, nehmt einen großen Stein. Wenn der Vorfall, den ihr berichten wollt, euch weniger belastet, nehmt einen kleineren Stein. Haltet den Stein in der Hand, wenn ihr erzählt, und legt ihn wieder hin, wenn ihr fertig seid.

Tafelbild: Was ist gerecht? Was ungerecht?
Es empfiehlt sich, an der Tafel unter den angegebenen Stichpunkten die Ansichten der Schüler zu Gerechtigkeit und Ungerechtigkeit aufzuschreiben. Jede Wortmeldung gilt. Kritik und Diskussionswünsche werden in dieser Phase zurückgestellt. Ansichten, bei denen es offenbar unterschiedliche Meinungen unter den Schülern gibt, können für eine spätere Diskussion mit einem Zeichen versehen werden.

(Spielvorschlag nach: Sabine Alex und Klaus W. Vopel: Lehre mich nicht, lass mich lernen. Teil 2. Verlag iskopress, Salzhausen 1995, S. 101 – gekürzt.)

Hintergrundwissen: Gerechtigkeit
Gerechtigkeit gehört neben Weisheit, Tapferkeit und Besonnenheit zu den vier Kardinaltugenden der Ethik. Seit der Antike, namentlich seit Aristoteles, wird die Gerechtigkeit unterschieden nach »verteilender« und »ausgleichender« Gerechtigkeit. Der verteilenden Gerechtigkeit entspricht die Formel »Jedem das Seine«, während der ausgleichenden Gerechtigkeit die Formel »Jedem das Gleiche« zugeordnet wird. Die verteilende Gerechtigkeit orientiert auf die Gleichbehandlung von Menschen und auf die gleiche Verteilung lebenswichtiger Güter. Gerechtigkeit bedeutet aber nicht nur Gleichbehandlung, sondern auch Ausgleich zwischen einem Zuviel und einem Zuwenig, womit die ausgleichende Gerechtigkeit erfasst wird.

Zur Arbeit mit dem Lehrbuch

Die beiden Seiten im Lehrbuch »Gerechtigkeit im Christentum: Das Gleichnis von den Arbeitern im Weinberg« ⇒ **LB, S. 32** und »Wie soll das Geld verteilt werden?« ⇒ **LB, S. 33** eignen sich in besonderer Weise zur Ableitung strukturierter Wissensbestände hinsichtlich der Gerechtigkeitsproblematik. Das oben ausgewiesene Hintergrundwissen »Gerechtigkeit« sollte diese Einordnung erleichtern. Auf den folgenden Lehrbuchseiten ⇒ **LB, S. 34–37** werden Probleme im Zusammenhang mit der Gerechtigkeit aufgeworfen, die dem alltäglichen Leben der Schüler entnommen sind. Bei der Auswertung der praktischen Beispiele ist auf die beiden Seiten der Gerechtigkeit Bezug zu nehmen.

Taschengeld: Was wäre wenn ... ⇒ **LB, S. 34**
Die Problemdiskussion zur dieser Lehrbuchseite lässt sich auch mit dem Führen einer Debatte ⇒ **M 9** verbinden, bei der die Schüler das Aufstellen und Begründen von Behauptungen zu strittigen Sachverhalten üben.

Debatte: Ist die Ungleichheit bei der Vergabe des Taschengeldes gerecht?

Vorangegangen könnte ein Streit in der Klasse gewesen sein, bei dem es darum ging, dass einige ein festes oder gelegentliches Taschengeld bekommen und andere gar keines.

Zu dieser Problemstellung wird nach den Regeln für das Debattieren ⇒ **M 9** eine Debatte geführt. Zur Ergänzung könnte auch die ⇒ **KV 7** »Ist die Ungleichheit bei der Vergabe des Taschengeldes gerecht?« zum Einsatz gelangen. Hier werden Pro- und Kontra-Argumente zu dieser Problematik angeboten. Die Schüler begründen in Stichworten, welcher Meinung sie sich anschließen.

Methode: Regeln für das Debattieren ***M 9***

1. Das strittige Problem wird klar benannt.
2. Zwei denkbare Positionen zu dem Problem werden in je einem Satz aufgeschrieben.
3. Jeder Schüler überlegt sich, welcher Auffassung er am ehesten folgen kann und bildet mit anderen Schülern, die diese Auffassung teilen, eine Gruppe.
4. Die Schüler der jeweiligen Gruppe suchen Argumente für ihre Auffassung.
5. Beide Gruppen kommen zum Austausch ihrer Argumente im Plenum zusammen.
6. Das Sprechen über die Gegenargumente erfolgt sachlich. Argumente der Gegenpartei werden anerkannt, wenn sie überzeugend sind.
7. Die Debatte ist beendet, wenn die Argumente für oder gegen eine Position klar überwiegen.
8. Ein Moderator leitet das Gespräch und achtete darauf, dass die Regeln eingehalten werden.

(Nach: Silke Pfeiffer: Gerechtigkeit und Ungerechtigkeit im Alltag »Das ist aber ungerecht!«. In: Grundschulmagazin, 6/2004, S. 20.)

Zusätzliche Anregungen

Das Fernsehverbot ⇒ **AH, S. 11**
Anhand eines lebensnahen Beispiels der Altergruppe 11/12-jähriger Schüler kann die Gerechtigkeitsproblematik weiter vertieft werden. Aus der Perspektive dreier Geschwister wird das gerechte oder ungerechte Handeln der Mutter beurteilt.

Plakat gegen Ungerechtigkeit ⇒ **AH, S. 12**
Wo es sich anbietet, sollten Schüler zum kreativen Umgang mit den Lehrinhalten angeregt werden. Das Anfertigen eines Plakates ist eine solche Gelegenheit. Oft sind wir als Pädagogen überrascht, wie kunstfertig und kreativ Schüler an solche Aufgaben herangehen. Für den *Werte und Normen*-Unterricht sind solche Handlungsprodukte unverzichtbar. Die Seite des Arbeitsheftes enthält Vorgaben, nach denen die Schüler ein solches Plakat selbstständig anfertigen können.

Ein Gerechtigkeitsbarometer ⇒ **KV 8**
Acht Beispiele zur Gerechtigkeitsproblematik sind in die verschiedenen Abschnitte eines Barometers, die Abstufungen der Gerechtigkeit (voll gerecht – gerecht mit Einschränkungen – ungerecht – total ungerecht) zum Ausdruck bringen, einzuordnen. Zusätzlich sollen die Schüler eigene Beispiele zu den Abstufungen formulieren.

2. Kapitel: Schwierigkeiten überwinden

In diesem Kapitel setzen sich die Schüler mit Widerfahrnissen des Lebens unterschiedlicher Art auseinander. Das Abgleiten in die Sucht, das Unvermögen Konflikte zu bewältigen und die Gefahr, sich Ängsten auszuliefern, geschieht oft allmählich. Vor diesem Hintergrund ergibt sich die Notwendigkeit, präventiv die Fähigkeiten der Schüler zu stärken, damit sie aktiv und selbstbewusst ihr Leben in die Hand nehmen können.

Und leise kommt die Sucht

Im ersten Gliederungsabschnitt **Sucht hat viele Gesichter** wird ein Überblick über die verschiedenen Süchte erarbeitet. Der zweite Abschnitt **Ess-Störungen ... was ist das?** geht der Frage nach, wie man allmählich in diese Sucht hineinrutschen kann. Der Gliederungsabschnitt **Rauchen und Alkohol – nein danke** soll die Haltung bestärken, sich den Gefährdungen durch diese Suchtmittel nicht auszusetzen. Im letzten Abschnitt **Im Griff der Medien** wird die Gefahr erörtert, wie der maßlose Konsum elektronischer Medien zur Abhängigkeit führt.

Sucht hat viele Gesichter

Anregungen zum Einstieg

Was sagen andere über dich? ⇒ **LB, S. 39**
Die »Du-Botschaften« beziehen sich auf den Abschnitt »Und leise kommt die Sucht«, zugleich hat diese Aufgabe auch übergreifende Bedeutung für die Abschnitte »Konflikte fair austragen« und »Umgang mit Angst«. In den Sprechblasen sind einige »Du-Botschaften« enthalten, die Schüler in der Familie, im Freundeskreis oder in der Schule zu hören bekommen. Den Wert, den sich ein Schüler selbst beimisst, ist auch immer davon abhängig, wie andere ihn sehen und mit ihm umgehen. Für die Entwicklung eines positiven Selbstkonzeptes ist es wichtig, dass die Schüler sich ihrer Fähigkeiten und Stärken bewusst werden und diese auch als wertvoll für sich selbst ansehen. Sie sollen es auch lernen, mit negativen »Mitteilungen« umzugehen, wie sie in den abwertenden Sprüchen zum Ausdruck kommen.

Karikatur: »Hauptsache, sie nehmen keine Drogen!!« ⇒ **LB, S. 39**
Karikaturen ⇒ **M 10** sind aufgrund ihrer Impulsgebung hervorragend zum Einstieg in ein Themenfeld geeignet. Die im Lehrbuch enthaltene Karikatur erfüllt diese Anforderungen. Sie ermöglicht im Zusammenhang mit den »Du-Botschaften« den Übergang zur Suchtproblematik.

Methode: Arbeit mit Karikaturen ***M 10***

Als Karikaturen *(ital. caricare = überladen, auch beladen)* werden satirische Darstellungen von Personen oder Zuständen bezeichnet, die die Wirklichkeit in überzeichneter, übertriebener oder deformierter Form wiedergeben. Die Interpretation einer Karikatur im *Werte und Normen*-Unterricht folgt dem Stufenmodell von Verstehen, Auslegen und Anwenden.

1. Verstehen
Zunächst geht es darum, dass die Schüler das beschreiben, was die Karikatur zeigt. Um spätere Missverständnisse zu vermeiden, darf auf diesen Schritt nicht verzichtet werden. Zu dieser Beschreibung zählen die Stilelemente, die der Karikaturist verwendet hat. Das sind:

- die Schrift (Logos, Bildunterschriften, Zuordnung zu Akteuren);
- die Akteure (Typisierungen, Anzahl);
- die Symbole (Abkürzungen, Metaphern, Farben);
- die grafischen Elemente (Blickrichtung des Lesers, Zoomeffekte, Rasterung).

2. Auslegen
Hier geht es um die eigentliche Interpretation der Karikatur. Es wird versucht, die Ideen des Zeichners zu benennen. Was sind die Motive des Karikaturisten? Was hat er sich vermutlich dabei gedacht? Zur Interpretation der Karikatur sollten auch die genannten Stilelemente mit herangezogen werden.

3. Anwenden
Aus didaktischer Sicht ist hier das Herstellen eines Zusammenhangs zwischen der Aussage der Karikatur und dem zu erarbeitenden ethischen Sachverhalt gemeint. In der Regel bietet die Karikatur nur einen Impuls, der den Einstieg in die vertiefende Analyse eröffnet. Gute Karikaturen bieten aber auch viele weitere Ansatzpunkte für die folgende Unterrichtsarbeit.

Zusätzliche Anregungen

Eigenschaften von A bis Z ⇒ **KV 9**
Anhand vorgegebener Eigenschaften und darauf bezogener Aufgaben sollen die Schüler ihr Selbstbild weiter differenzieren. So werden sie aufgefordert, Eigenschaften zu nennen, die sie bei sich verändern möchten und entsprechende Begründungen hierfür anzuführen.

Wie du gesehen wirst
Diese Übung soll die Meinung anderer über die eigene Person weiter differenzieren. Das ist wichtig, damit sich die Schüler selbst besser kennen lernen.

(V) 1. Ein Schüler schreibt oben auf einen Zettel seinen Namen. Danach wird der Zettel an alle Mitschüler weiter gegeben. Sie schreiben auf, was für den ersten Schüler besonders charakteristisch ist. Damit niemand weiß, was der Schüler vor ihm geschrieben hat, wird der Zettel so nach hinten gefaltet, dass der nachfolgende Schüler nur den Namen und ein unbeschriebenes Blatt sieht. Auf diese Weise erhält der Schüler von allen Mitschülern Hinweise über sich selbst.
2. Mogeln ist nicht erlaubt. Es dürfen keine Notizen angesehen werden, die bereits auf dem Zettel geschrieben worden sind.

Ich vergleiche mich
Es wird empfohlen, sich über Vergleiche und Metaphern der Frage »Wer bin ich?« weiter anzunähern. Dabei wird von der fiktiven Annahme ausgegangen, sich im Reich der Fantasie in andere Dinge verwandeln zu können. Beispielsweise möchte Robert gerne eine Giraffe sein, weil die alles überblicken kann. Als Pflanze wäre er gerne ein Kaktus, weil der Stacheln hat. Als Werkzeug wäre er gerne eine Säge, weil sie scharfe Zähne hat.
Nacheinander vergleichen sich die Schüler mit einem Auto, einem Werkzeug, einer Blume, einem Tier, einem Gebäude, einem Möbelstück und einer Farbe. Die so zusammengestellten Merkmale werden anonym in der Klasse vorgelesen und getestet, ob die jeweilige Person anhand der so ermittelten Charakteristika identifiziert werden kann.

(A) Stellt euch vor, im Reich der Fantasie kann man sich in andere Dinge verwandeln. Schreibt die Gründe eurer Verwandlungen auf, z. B.: »Wenn ich eine Pflanze wäre, dann wäre ich …, weil …«.

Mein Lebensnetz ⇒ **AH, S. 13**
Wenn diese Seite des Arbeitsheftes nicht schon im 1. Kapitel eingesetzt wurde, könnte sie an dieser Stelle zum Einsatz gelangen. Auch hier geht es um den Grundgedanken dieses Kapitels, dass Schüler mit einer hohen Selbstakzeptanz weniger gefährdet sind, vor Schwierigkeiten zu kapitulieren. Das Ausfüllen könnte am Anfang der Bearbeitung des Kapitel geschehen und die Auswertung schrittweise im Verlauf der nächsten Stunden.

Ess-Störungen … was ist das?

Hintergrundinformation: Ess-Störungen
Auch wenn der Begriff »Esssucht« eine begriffliche Nähe zu anderen Süchten herstellt, Essstörungen sind etwas anderes als so genannte »stoffgebundenen Süchte« wie Drogensucht oder Alkoholabhängigkeit. Einige Verhaltensweisen Essgestörter können jedoch suchtartigen Charakter annehmen. Essstörungen können Lösungsversuche für tiefer liegende Probleme, Ausweg, Flucht oder Ersatz für verdrängte Gefühle und Bedürfnisse sein, ebenso stummer Protest oder Ablehnung. Sie signalisieren Verweigerung und stehen zugleich auch für Resignation oder Anpassung.
Das Gefühl, sich über Essen bzw. Hungern Befriedigung zu verschaffen, führt erst einmal zur schnellen Erleichterung und zu einem Erleben von Sicherheit und Selbstständigkeit. Da es sich um eine Kurzzeitbefriedigung handelt, benötigen die Betroffenen Wiederholungen. Dadurch bekommt die Essstörung eine Eigendynamik und gerät außer Kontrolle. Betroffene verlieren die Kontrolle über das wahllose In-sich-Hineinstopfen großer Nahrungsmengen oder über die Verweigerung von Nahrungsaufnahme. Ergebnis: Sie fühlen sich ausgeliefert.

(Nach: Bundeszentrale für gesundheitliche Aufklärung (Hg.): Essstörungen … Was ist das? Köln 2005, S. 5f.)

Zur Arbeit mit dem Lehrbuch

Beate: Dünn, dünner, am dünnsten ⇒ **LB, S. 43**
Es versteht sich von selbst, dass bei diesem Thema eine besonders behutsame und sensible Unterrichtsgestaltung gefordert ist. Keinesfalls dürfen Schüler zum Reden aufgefordert werden, bei denen zu vermuten ist, dass sie Probleme mit ihrem Essverhalten haben. Wenn diese Schüler von sich aus reden möchten, ist das natürlich in Ordnung. Die allgemeinen Merkmale »Wie man allmählich in eine Ess-Störung hineinrutschen kann« ⇒ **LB, S. 43** lassen sich sehr gut auf die Geschichte »Beate: Dünn, dünner, am dünnsten« anwenden.

Bitterschokolade ⇒ **LB, S. 44**
Die Geschichte um die Schwäche von Eva lässt sich mit den ausgewiesenen Arbeitsaufgaben gut bearbeiten.

Insbesondere der Ausspruch von Eva »Zärtlich streicheln, bitterlich weinen« macht ihre innere Zerrissenheit deutlich. Denkbar wäre es, diese und ähnliche Situationen im Rollenspiel ⇒ **M 3** einer Lösung zuzuführen.

1. Zwei Schülergruppen spielen die Situation mit Eva und ihrer Mutter. Neben der Mutter und Eva könnten noch weitere Familienmitglieder in Erscheinung treten (Oma, Geschwister, Vater). Fragen, die sich in diesem Zusammenhang ergeben, sind u. a.: Wie kann Eva geholfen werden? Mit welchen Argumenten wird sie sich vermutlich verteidigen? Wie verhalten sich andere Familienmitglieder zu ihr? Welche Gründe kann es für diese Schwäche geben?
2. Die Geschichte »Bitterschokolade« kann auch Anregung für die Schüler sein, Situationen (ausgedachte oder tatsächlich erlebte) vorzuspielen, in denen es ihnen ähnlich wie Eva ergangen ist. Im spontanen Rol-lenspiel erproben sie mögliche Handlungsvarianten zur Bewältigung solcher Situationen
3. Es ist unbedingt darauf zu achten, dass nicht Schüler unfreiwillig zur Übernahme von Rollen gedrängt werden, die ihnen persönlich große Probleme bereiten.

Zusätzliche Anregungen

Wie Schwächen zu Stärken werden
An der Wandtafel könnten folgende Schwächen angeschrieben werden: Gelte als streitsüchtig – Kann mich nicht durchsetzen – Bin ein schrecklicher Dickkopf – Denke meistens nur an meinen Vorteil – Bin manchmal ungerecht zu anderen – Werde schnell wütend – Andere halten mich für überheblich – Neige dazu, nachtragend zu sein – Werde schnell gewalttätig – Gehe liederlich mit meinen Sachen um – Bin übertrieben ängstlich.

(A) 1. Ergänze die Übersicht um Schwächen, die du bei dir festgestellt hast.
2. Wähle dir aus deinen Schwächen bzw. aus denen in der Übersicht drei aus, die du in Stärken umwandeln möchtest. Beispiel: Statt als überheblich zu gelten, möchtest du anerkannt sein. Damit könnte folgende Anforderungen verbunden sein: Anderen helfen, ohne dazu aufgefordert zu werden – Sich über den Erfolg von Mitschülern freuen, ohne missgünstig zu sein – Fehler nicht abstreiten, sondern von allein eingestehen.
Zusätzlich sollen die Schüler allgemeine Ratschläge zur Überwindung von Schwächen erarbeiten. Das kann in Form eines Ratgebers geschehen, der gemeinsam an der Tafel zusammengestellt wird.
3. Manchmal können Schwächen ganz schön nerven. Eigentlich will man sie überwinden, aber irgendwie gelingt das nicht. Schreibt einen Ratgeber, was man zur Überwindung von Schwächen tun sollte. Beachtet dabei folgende Hinweise:
- Es muss sich dabei um Schwächen handeln, die ihr als störend und belastend empfindet.
- Es sollte sich um allgemeine Vorschläge handeln, die sich zur Überwindung einer Vielzahl von Schwächen eignen.

Rauchen und Alkohol – nein danke

Hintergrundwissen: Rauchen und Alkoholmissbrauch
Wenn man von den verursachten massenhaften Gesundheitsschäden ausgeht, dann sind Rauchen und Alkoholmissbrauch als die gefährlichsten Süchte einzustufen.

Einige Kinder machen ihre ersten Erfahrungen mit dem Rauchen heute bereits vor dem Erreichen des 12. Lebensjahres. Beim Alkohol erwerben Einzelne bereits im Alter von etwa 10 Jahren erste Erfahrungen, bevor manche von ihnen ab dem 12. Lebensjahr regelmäßig (einmal pro Woche) Alkohol konsumieren. Deshalb bildet die inhaltliche Auseinandersetzung mit dieser »Probierphase« – sozusagen präventiv – den Unterrichtsschwerpunkt in den Klassen 5/6. Dabei geht es im *Werte und Normen*-Unterricht vor allem darum, die Meinungsbildung dahingehend zu bestärken, dass die Schüler Nichtraucher bleiben und nein zum Alkohol sagen.

Zur Arbeit mit dem Lehrbuch

Guckt mal, was ich hier habe! ⇒ **LB, S. 45**
Der Cartoon soll die Schüler anregen, dem Gruppendruck widerstehen zu können. Im oberen Teil des Cartoons bietet ein Junge seinen Freunden etwas an. Ein Freund lehnt ab und wird nun im unteren Teil für sein Verhalten unter Druck gesetzt.

Wie im Lehrbuch vorgeschlagen, entwickeln die Schüler im Rollenspiel ⇒ **M 3** Varianten zu diesem Cartoon. Unsere Erfahrungen besagen, dass es schwer ist, »Nein« zu sagen, wenn man unter Druck gerät. Da es nicht selten Gruppen-Lösungen gibt, bei denen der »Nein-Sager« z. B. durchhält, die anderen mit seinen Argumenten überzeugt oder einfach »aus dem Feld« geht, bietet es sich an, sich mit diesen Handlungsmöglichkeiten differenziert auseinander zu setzen. Eventuell werden in diesem Zusammenhang reine Jungen- und Mädchengruppen gebildet.

Nach jeder Szene sollten die Schüler ein kurzes Feedback von den Zuschauern erhalten, (V)

- wie überzeugend sie in ihren Rollen waren,
- welche Gefühle sie gezeigt haben und
- wie wirklichkeitsnah das Spiel war.

In diesem Kontext äußern sich die Spieler, was sie gedacht und gefühlt haben.

Stell dich nicht so an ⇒ **LB, S. 47**
Wie bei diesem Fallbeispiel dargestellt, beginnen Heranwachsende mit dem Alkoholtrinken nicht freiwillig. Zumeist werden sie von Gleichaltrigen oder Familienangehörigen dazu überredet. Selbst bestimmt »Nein« zu sagen, ist nicht leicht und will gelernt sein. Durch die Auseinandersetzung mit dem Fallbeispiel wird es den Schülern möglich, eine problematische Lebenssituation gedanklich durchzuspielen und gemeinsam angemessene Verhaltensweisen zu entwickeln.

Zusätzliche Anregungen

Manche Leute rauchen ... ⇒ **AH, S. 16**
Es ist möglich, dieses Arbeitsblatt als Befragung in Form eines Interviews ⇒ **M 19** von den Schülern bearbeiten zu lassen. Die Schüler könnten eine Kurzbefragung in höheren Klassen, bei den Lehrern, im Familien- und Bekanntenkreis durchführen.

(L) Raucher: «Ich bin neugierig gewesen!« »Ich habe mir das nicht verbieten lassen!« »Ich will cool und erwachsen wirken!« »Ich mach das, weil meine Freunde das gut finden!« »Ich wollte wissen, wie das schmeckt!«

Nichtraucher: »Bei uns in der Familie raucht niemand!« »Rauchen ist ungesund!« »Ich mach lieber Sport!« »Ich spare mein Taschengeld, wenn ich nicht rauche!« »Rauchen macht abhängig!«

Sprüche über Alkohol ⇒ **AH, S. 15**
Durch die kritische Untersuchung der Texte können die Schüler erkennen, dass das Alkoholtrinken in der Regel verharmlost und verklärt wird und keine schwerwiegenden Auswirkungen benannt werden. Im ersten Teil der Aufgabenstellung haben die Schüler aufzuschreiben, welche Bedeutung dem Alkohol zugeschrieben wird. Im zweiten Teil haben sie eine kreative Gestaltungsaufgabe zu erfüllen, indem zu einem Spruch eine Karikatur ⇒ **M 10** zu gestalten ist, die sich gegen den Alkoholmissbrauch wendet. Das kann auch im Zusammenhang mit der Übung im Lehrbuch ⇒ **LB, S. 48** geschehen.

Im Griff der Medien

Anregungen zum Einstieg

Schöne neue Medienwelt ⇒ **KV 10**
Die Kopiervorlage ergänzt die Einführung im Lehrbuch »Multimedia auf dem Vormarsch« ⇒ **LB, S. 49**. Die Schüler vollenden auf der Kopiervorlage vorgegebene Satzanfänge, indem sie eine Beurteilung unterschiedlicher Medien nach »notwendig« und »überflüssig« vornehmen. Außerdem sind zu den Abbildungen der Medien die richtigen Bezeichnungen zu finden.

Sie lauten: Computer, SMS, Internet, Fernseher, Handy, CD-ROM, E-Mail. (L)

Zur Arbeit mit dem Lehrbuch

Methode: Pro-und-Kontra-Diskussion ***M 11***
Diese Methode lässt sich insbesondere bei kontrovers zu beurteilenden Sachverhalten im Unterricht einsetzen. Die Schüler wägen im Streitgespräch die Vor- und Nachteile bestimmter Positionen ab. Dabei vertreten sie in einer simulierten Entscheidungssituation die von ihnen übernommenen Rollen. Die Schüler können lernen, ihre eigenen Interessen zu erkennen und zu benennen. Sie lernen, gewaltfreie Formen der Auseinandersetzung zu praktizieren, sich in die Positionen anderer hineinzuversetzen, Kompromisse zu schließen sowie diese zu akzeptieren.

1. Zu einem Problem oder einer Fragestellung wird eine Abstimmung durchgeführt, die ein erstes Meinungsbild zum zu beurteilenden Sachverhalt ergibt.
2. Für eine Pro-und-Kontra-Diskussion sind folgende Rollen zu besetzen:
- Ein Gesprächsleiter, der das Gespräch leitet und auf die Einhaltung der vereinbarten Regeln achtet;
- ein Pro-Anwalt, der als Befürworter seine Position verteidigt;
- ein Kontra-Anwalt, der die Gegenmeinung vertritt;
- Sachverständige (je nach Bedarf), die mit ihren Sachaussagen die Argumentationen der Anwälte unterstützen;
- Zeugen (evtl.), die als Betroffene oder Beteiligte der Sache etwas zum Verfahren aussagen können;
- Beobachter, die als Schiedsrichter fungieren.

3. Die Konfliktparteien setzen sich anhand von Materialien vertiefend mit »ihren« Positionen auseinander und erarbeiten begründete Standpunkte.
4. Für die Durchführung sollte eine geeignete Sitzordnung eingenommen werden. Der Gesprächs-

leiter sollte vorn sitzen. Die Parteien sitzen an zwei sich gegenüberliegenden Längstischen. Die übrigen Schüler sitzen als Beobachter hinten.
5. Zum Abschluss der Diskussion erfolgt nochmals eine Abstimmung über die Ausgangsfrage. Das Ergebnis wird mit dem ersten Abstimmungsergebnis verglichen und diskutiert.

Macht Fernsehen dumm und krank? ⇒ **LB, S. 50**
Wie im Lehrbuch vorgeschlagen, sollte diese Problematik durch eine Pro-und-Kontra-Diskussion bearbeitet werden. Die Situation »Macht Fernsehen dumm und krank?« wird im Lehrbuch durch die von Medienforschern ins Spiel gebrachte »Fernsehbeschränkung« für Kinder bis zu 12 Jahren weiter zugespitzt. Es ist zu erwarten, dass diese Zuspitzung zu einer kontrovers und lebendig geführten Diskussion führt.

Was? Computersüchtig? Ich doch nicht! ⇒ **LB, S. 51**
Als methodische Variante zur Beantwortung der Frage im Lehrbuch bietet es sich an, den Schülern einen Antwortbrief an Robert schreiben zu lassen. Durch diese Vorgehensweise setzen sich die Schüler mit anderen Lebenshaltungen auseinander und denken sich in fremde Situationen hinein. Die Methode Texte fortführen und verfassen ⇒ **M 23** wird in diesem Buch
(A) genauer erläutert.

Angenommen, Robert ist ein Freund von dir, der in eine andere Stadt gezogen ist und dir einen Brief geschrieben hat.
Schreibe ihm einen Antwortbrief, mit dem du auf Roberts Selbsteinschätzung »Was? Computersüchtig? Ich doch nicht!« eingehst. Du kannst dich in deinem Brief auch auf die »Alarmsignale: Bin ich medienabhängig?« ⇒ **LB, S. 51** beziehen.

Konflikte fair austragen

Ausgehend von der Tatsache, dass Konflikte Bestandteil menschlichen Zusammenlebens sind, wird im Gliederungspunkt **Konfliktfähig werden** der Frage nachgegangen, wie diese gewaltfrei zu bewältigen sind. Der Abschnitt **Bausteine zur Konfliktbewältigung** fasst Regeln zur Konfliktbewältigung zusammen. Um den Zusammenhang von ungelösten Konflikten und Gewalt geht es im Unterpunkt **Halt – keine Gewalt!** Im Abschnitt **Medien und Gewalt** wird das Problem von Gewaltdarstellungen thematisiert.

Anregungen zum Einstieg

Methode: Beobachtung **M 12**
Die Beobachtung kommt oft im Zusammenhang mit einer Erkundung ⇒ **M 7** zum Einsatz. Sie wird eingesetzt, wenn eine Situation, in der sichtbar etwas geschieht, möglichst genau erfasst werden soll. Das wäre beispielsweise bei der Beobachtung über Konflikte der Fall, die sich zwischen Schülern und zwischen Schülern und Lehrern ergeben. Eine Beobachtung zeigt allerdings nur das, was ist oder was getan wird. Sie erlaubt keine Aussagen über Einstellungen, Motive und Gründe. Zusätzlich kann sich das Problem ergeben, dass der Beobachtende versucht ist, in das beobachtete Verhalten Absichten hineinzudeuten. Es wird angeraten, für eine Beobachtung Bebachtungsraster zu entwickeln, damit die Schüler zielgerichtet beobachten können.

Beobachtungsauftrag: Konflikterfassung
Während einer zu vereinbarenden Zeit (Vorschlag 14 Tage) werden Konflikte erfasst, die sich aus dem Zusammenleben der Schüler und aus den Beziehungen zu den Lehrern ergeben. Sie könnten schriftlich festgehalten oder auch an einer Pinnwand »öffentlich« gemacht werden. Ziel ist, die Schüler für Konflikte im schulischen Lebensbereich zu sensibilisieren und über Lösungsmöglichkeiten nachdenken zu lassen. Zudem ist es von Vorteil, wenn die Bearbeitung der Konfliktproblematik unmittelbar mit Konflikten aus dem Lebensbereich der Schüler verbunden wird.

Vorschlag für ein Beobachtungsraster: (V)
- Beteiligte (Wer war beteiligt?)
- Sachverhalt (Was ist geschehen?)
- Reaktionen (Wie haben die Beteiligten reagiert?)

Methode: Brainstorming **M 13**
Brainstorming lässt sich auf Deutsch mit »Spontanäußerung« wiedergeben und bezeichnet die Technik fantasievoller Ideensammlung. Es wird oft für den Unterrichtseinstieg genutzt. Zu einem Problem, einer Aufgabe, einem Stichwort, aber auch zu einem Bild oder einem Gegenstand werden möglichst viele Einfälle produziert. Dabei sind alle Äußerungen zulässig. Erst nachdem alle Assoziationen festgehalten worden sind (Wandtafel, Pinnwand, Zettel oder Karteikarte), werden sie auf ihre Brauchbarkeit hin analysiert. Die Gruppe überlegt sich Kriterien, nach denen die Ideen zu sortieren sind.

(Helge Eisenschmidt: Stichwort »Brainstorming«. In: Astrid Kaiser [Hg.]: Lexikon Sachunterricht. Schneider Verlag, Baltmannsweiler 1997, S. 23.)

Brainstorming: Konflikte

In Ergänzung zum Vorgehen im Lehrbuch »Mein Konfliktfeld« ⇒ **LB, S. 53** wird ein Brainstorming zu Konflikten durchgeführt. Nachdem die Schüler ihre Ideen genannt haben und diese festgehalten worden sind, werden die Begriffe und Wortgruppen sortiert. Durch diese Vorgehensweise wird es möglich, den Ablauf des nachfolgenden Lernbereichs abzustecken, da die Inhalte des Brainstormings zugleich Schwerpunkte des folgenden Unterrichts sind. Es motiviert die Schüler, wenn sie bei der Planung des Unterrichts mitbestimmen können.

(L) Folgende Strukturierungen wären denkbar:

- Ursachen: Streit, Neid, Eifersucht, persönliches Eigentum u. a.
- Konfliktpartner: Eltern, Geschwister, Freunde, Nachbarn, Trainer, Mitschüler u. a.
- Umgang mit Konflikten: Entschuldigung, Nachgeben, Vereinbarung, Gewalt, gewaltfrei u. a.
- Konfliktregeln: Verständnis für den anderen, Zuhören, Sachlichkeit u. a.

Zur Arbeit mit dem Lehrbuch

Die Verpflichtung ⇒ **LB, S. 54**

Mit der Geschichte »Die Verpflichtung« lernen die Schüler eine wichtige Form der Streitbewältigung kennen. Es handelt sich um die »niederlagenlose« Methode der Konfliktbewältigung, die Thomas Gordon (vgl. Thomas Gordon: Familienkonferenz. Die Lösung von Konflikten zwischen Eltern und Kind, Wilhelm Heyne Verlag, München 1993, S. 210ff.) entwickelt hat, bei der keiner unterliegt, es keine Sieger und Verlierer gibt. In der Auswertung der Geschichte mit den Schülern ist auf diesen Hintergrund selbstverständlich nicht einzugehen. Indem die Schüler aber das Handeln der Beteiligten beurteilen lernen, erwerben sie zugleich – im Zusammenhang mit weiteren Übungen – Handlungskompetenz für Streitbewältigungen.

Es ist auch möglich, die Auswertung mit einem Vier-Ecken-Gespräch ⇒ **M 14** zu verbinden. Zu diesem Zweck müssten sich die Schüler jeweils den Positionen A – D zuordnen.

(L) Zur Einschätzung der Personen:

- *A Konfliktverdrängung durch Nachgeben (Oma):* Sie beschwichtigt. Das sieht nach schneller Konfliktlösung aus. Es wäre jedoch nur eine Scheinlösung, weil der Konflikt fortbestehen und später umso stärker ausbrechen würde.
- *B Konfliktverschärfung durch Uneinsichtigkeit (Thomas):* Er verschärft die Konfliktsituation (»Was gehen mich eure Blumen an«). Einen Kompromiss zu finden, wird schwieriger. Auch ist er unsachlich, da seine Bemerkung »Immer wenn ich spielen gehen will, lasst ihr mich nicht« sicherlich aus der Luft gegriffen ist.
- *C Konfliktunterdrückung durch Überlegenheit (Vater):* Er spielt seine Überlegenheit als Autorität voll aus. Seine Androhung von Macht (»Wenn nicht, kannst du was erleben«) lässt keinen Verhandlungsspielraum zu. (In Gesprächen favorisieren Schüler aber nicht selten gerade die Haltung des Vaters!)
- *D Konfliktlösung durch Verhandeln (Mutter):* Nur die Mutter ist an einer echten Konfliktlösung interessiert. Sie vermeidet Vorwürfe, die nur ein weiteres Aufschaukeln des Konfliktes bewirken. Sie signalisiert Thomas ihre eigene Betroffenheit (»Ich«-Botschaft: »Ich fühle mich von dir im Stich gelassen«). Ihr Kompromissangebot bewahrt beide Seiten vor einem Gesichtsverlust und lässt eine Lösung wahrscheinlicher werden.

Zusätzliche Anregungen

Methode: Vier-Ecken-Gespräch **M 14**

Zur Vorbereitung auf ein Vier-Ecken-Gespräch wählt man zu einem Thema vier möglichst kontroverse Meinungen, schreibt bzw. druckt sie auf Plakate und hängt diese in die vier Ecken des Raumes.

1. Die Schüler gehen durch die Klasse, lesen die Zitate und entscheiden sich für ein Zitat, welches sie am meisten anspricht und mit dem sie sich auseinander setzen wollen. Das kann das Zitat sein, welches eine Position ausdrückt, die sie selbst vertreten, es kann aber auch das sein, das sie provoziert und vielleicht das Gegenteil von dem ausdrückt, was sie selbst denken.
2. Nachdem sie ihr Verständnis des Zitates geklärt haben, überlegen sich die zu einer Ecke gehörenden Schüler gemeinsam, welche Hintergründe und Zusammenhänge zur Stützung des Zitats herangezogen werden können. Die Gruppe versucht, einen Begründungszusammenhang zu erstellen.
3. Anschließend stellt ein Schüler aus jeder Ecke die Überlegungen der Gruppe vor. Die Ansichten der Gruppen werden in der Klasse diskutiert.

(Nach: Sascha Mühlenberg und Norbert Gerhardus: Konstruktion der Wirklichkeit – Wahrnehmungsphänomene und Fotografie. In: Ethik & Unterricht, 3/2006, S. 22.)

Rollenkonflikt: Eine schwierige Entscheidung ⇒ **AH, S. 18**

Aus einer anderen Perspektive betrachtet, geht es in der Geschichte »Die Verpflichtung« ⇒ **LB, S. 54** um Rollenkonflikte. Rollenkonflikte entstehen, wenn sich ein Mensch nicht entsprechend der ihm zugedachten Rolle verhält. Mit der Geschichte »Rollenkonflikt: Eine schwierige Entscheidung« sollen Rollen der Schüler und mögliche Erwartungen an diese zusammengetragen werden.

Neid über eine Freundschaft ... ⇒ **LB, S. 55**
Auf drei Konfliktfälle werden die in diesem Abschnitt kennen gelernten Konfliktlösungsmöglichkeiten angewandt. Hierbei handelt es sich um eine sehr kreative Form der Anwendung erworbenen Wissens, wobei die Ergebnisse nicht nur benannt, sondern über Rollenspiele zu präsentieren sind.

(L) Mit folgenden Konfliktlösungsmöglichkeiten haben sich die Schüler auseinandergesetzt:
- niederlagenlose Konfliktbewältigung
- Konflikte aussitzen
- Ältestenrat
- Schreibrunden
- Streitschlichtung

Auf Konflikte reagieren ⇒ **AH, S. 17**
Es werden sechs Konfliktsituationen vorgestellt, mit denen sich die Schüler auseinandersetzen sollen. Sie bieten eine sinnvolle Ergänzung der Beispiele aus dem Lehrbuch ⇒ **S. 54–57** und dienen zur Herausbildung von Konfliktlösungskompetenz.

Zusätzliche Anregungen

Was soll ich tun?
Unter Freunden giltst du als guter Kumpel. Du beteiligst dich aber nicht an Ausschreitungen deiner Clique gegen jüngere Mitschüler. Ein von der Gewaltanwendung Betroffener bezichtigt dich der Mittäterschaft. Auf Anregung der Eltern des betroffenen Schülers verlangen deine Eltern von dir die Namen der Cliquenmitglieder. Ansonsten drohen Stubenarrest und Fernsehverbot.

(A) 1. Welche Entscheidungsmöglichkeiten ergeben sich für den betroffenen Schüler?
2. Welche Folgen hat er zu erwarten?
• a) Schweigen – alles beim Alten lassen
Folgen: Anerkennung in der Clique/Stubenarrest und Fernsehverbot
• b) Namen der Cliquenmitglieder nennen
Folgen: Ausschluss aus der Clique/keine Verbote durch die Eltern
• c) Reden mit dem jüngeren Mitschüler – Rücknahme der Anschuldigung bewirken
Folgen: Cliquenmitglieder schneiden mich/evtl. keine Verbote durch die Eltern
• d) Diskussion mit Clique – Abmachungen treffen (bei Mitschüler entschuldigen)
Folgen: weiterhin volle Anerkennung in der Gruppe – keine negativen Sanktionen durch Eltern

Methode: Streitschlichtung **M 15**
Mit der Streitschlichtung lernen die Schüler ein Verfahren der Konfliktlösung kennen. Im Kern geht es dabei um Vermittlung in Streitfällen durch unparteiische Dritte, die von allen Konfliktparteien akzeptiert werden. Aufgabe der Streitschlichter ist es nicht, ein Urteil oder einen Schiedsspruch zu fällen. Die Konfliktkontrahenten selbst sind aufgefordert, eine Lösung ihres Problems zu erarbeiten. Bewährt hat sich das Vorgehen der Streitschlichtung in vier Etappen, wie es auch im Lehrbuch ⇒ **LB, S. 57** vorgeschlagen wird. Unterstützt werden kann die Streitschlichtung durch ein Schlichtungsformular ⇒ **AH, S. 20**.

Streitschlichtung ⇒ **LB, S. 57**
Zusätzlich zum vorgeschlagenen Vorgehen im Lehrbuch bietet es sich an, aus dem Arbeitsheft das Schlichtungsformular ⇒ **AH, S. 20** einzusetzen. Das ist deshalb von Vorteil, weil ein Konflikt konkret nach den Regeln der Streitschlichtung bearbeitet und die Ergebnisse schriftlich festgehalten werden können.

Streit schlichten ⇒ **KV 11**
Es wird eine Streitsituation vorgestellt, die anhand des Modells der Streitschlichtung von den Schülern selbstständig zu bearbeiten ist. Möglich ist es auch, die Kopiervorlage im Rahmen einer Leistungskontrolle einzusetzen.

Bausteine zur Konfliktbewältigung

Zur Arbeit mit dem Lehrbuch

Fünf Regeln zur Konfliktbewältigung ⇒ **LB, S. 58**
Mit den vorgestellten Regeln für Konfliktpartner erhalten die Schüler Anregungen, wie man Konflikte geordnet austragen kann. Es wird empfohlen, diese Regeln immer wieder ins Gespräch zu bringen. Denn wenn diese Regeln von allen Beteiligten verinnerlicht worden sind, lassen sich Konflikte ohne Eskalation bewältigen.

Zwei Streitübungen ⇒ **LB, S. 59**
Mit den Streitübungen auf dieser Seite verbessern die Schüler ihre Konfliktlösungsfähigkeit. Die Streitübungen dienen zum praktischen Üben der im Lehrbuch angebotenen Regeln für Konfliktpartner ⇒ **LB, S. 58**.

Beschuldigungen vermeiden ⇒ **AH, S. 19**
Die Seite des Arbeitsheftes ergänzt die Vorschläge im Lehrbuch zu den Streitübungen. Die Beispiele des Arbeitsheftes beziehen sich auf die Übung im Lehrbuch »Ich-Aussagen formulieren« ⇒ **LB, S. 59**.

Ein Streitspiel ⇒ **LB, S. 59**
Zu der im Lehrbuch ausgewiesenen Aufgabenstellung sind noch folgende Erweiterungen denkbar:
a) Argumente zur Stärkung der Position des Schülers B. Im Unterrichtsgespräch werden Argumente gesucht, wie diesem Schüler – im Sinne der Position des Schülers C – beizustehen ist: hör nicht hin – bleib ruhig – lass dich nicht ärgern – geh ihm aus dem Weg – denk daran, was du kannst – schalt auf Durchzug – das macht er mit anderen genauso – er kann ja nicht mal richtig lesen – ich steh als Freund zu dir – lass dich nicht zu Handgreiflichkeiten hinreißen – dem bist du überlegen.
b) Veränderung der Rollenspielkonstellation: Gegenüber dem Spiel, wie es im Lehrbuch vorgeschlagen ist, beteiligen sich nun eine größere Anzahl von Schülern. Die Situation des Schülers B bleibt so, wie im Lehrbuch vorgeschlagen. Die Rollen der Schüler A und B werden von mehreren Schülern gespielt. Die Schüleranzahl der Rollenspielgruppe C sollte größer sein als die der Rollenspielgruppe A.

Halt – keine Gewalt

Bilder zu Gewaltsituationen ⇒ **LB, S. 60**
Die Bilder sollten eine gute Anregung sein, um die Schüler für Gewaltsituationen zu sensibilisieren. Ihre Auswertung kann analog der methodischen Hinweise zur Erschleißung von Fotos ⇒ **M 6** erfolgen. Das Aufschreiben von Sprechblasen der Beteiligten sowie das Standbild bauen ⇒ **M 17** ermöglichen den praktischen Umgang mit dem Lerngegenstand.
Zusätzlich kann »Ist das Gewalt?« ⇒ **AH, S. 21** eingesetzt werden. Den Schülern wird zu sechs Gewaltsituationen eine Skala vorgegeben, nach der sie die verschiedenen Formen von Gewalt abstufen können.

Entscheidungsspiel »Sich einmischen!?« ⇒ **KV 12**
Es werden Gewaltsituationen mit unterschiedlichen »Ausstiegsmöglichkeiten« vorgestellt. Nach der individuellen Bearbeitung könnte zur Besprechung im Klassenverband das Vier-Ecken-Gespräch ⇒ **M 14** zum Einsatz gelangen.

(A) Jeder Ecke eures Klassenzimmers wird eine der vier in den Situationen angebotenen Handlungsmöglichkeiten zugeordnet. Jeder sucht dann seine Ecke auf. Nun könnt ihr aus euren Ecken heraus über die verschiedenen Handlungsmöglichkeiten diskutieren und eure Wahl begründen. Beschäftigt euch dann mit der nächsten Situation.

Wie aus Konflikten Gewalt entstehen kann ⇒ **LB, S. 62/63**
Für das Verständnis, wie aus ungelösten Konflikten Gewalt entstehen kann, sind diese Seiten des Lehrbuchs von besonderer Bedeutung. Für die Schüler sollte es nachvollziehbar sein, wie ein Konflikt eskaliert und außer Kontrolle gerät. Wie im Lehrbuch empfohlen, wird zunächst nochmals der Konflikt zwischen Ronny und Michael ⇒ **LB, S. 55** nachgelesen. Es wird besprochen, wie sich der Konflikt von Situation zu Situation weiter aufschaukelt und in einer Gewaltsituation endet. Abschließend wird herausgearbeitet, wo die entscheidenden Schnittstellen gewesen wären, um den Konflikt nicht eskalieren zu lassen.

Zusätzliche Anregungen

Du fühlst dich als Opfer ⇒ **AH, S. 22**
Mit dieser Arbeitsheftseite wird die oft vernachlässigte Opfer-Perspektive angesprochen. Die aufgeworfenen Fragen sollen helfen, mit den Folgen von Gewalt besser zurecht zu kommen.

Wut – Wie damit umgehen?
Oft baut sich Wut aus ungelösten Konflikten auf. Dann ist es nicht selten, dass der Mensch diesem Gefühl ausgeliefert ist und er blind, ohne zu überlegen, reagiert. Um sich in Konfliktsituationen nicht diesem Gefühl auszuliefern, sondern eher Handlungsmöglichkeiten zu planen und abzuwägen, wird die Realisierung der folgenden Übungen vorgeschlagen:
• Ein Comic: Meine Wut muss raus ⇒ **AH, S. 23**
Wie es in der Aufgabenstellung für die Schüler heißt, kommt es nicht so sehr auf schöne Bilder an, sondern vielmehr auf eine überzeugende Umsetzung der Idee zum Thema »Meine Wut muss raus«.
• Partnerbefragung: Die Schüler sollen lernen, über ihre Wut-Gefühle zu sprechen. Vorgeschlagen wird eine Partnerbefragung, bei der sich die Banknachbarn gegenseitig befragen. Das Gespräch wird in Stichpunkten festgehalten:

1. Welche Konfliktsituation hat dich in letzter Zeit wütend gemacht? (A)
• Beschreibe – möglichst genau – die Gefühle (Hilflosigkeit, Erniedrigung, Kränkung, Hass, Angst, Minderwertigkeitsgefühl u. a.), die dich bis zum Ausbrechen der Wut begleitet haben.
2. Was hätte dich vom Wutgefühl abbringen können?
3. Was hättest du in deiner Wut mit deinem Konfliktpartner am liebsten gemacht?
4. Wie ist es dir gelungen, wieder in den »Normalzustand« zurückzufinden?
• Pantomime ⇒ **M 2**: Die Schüler sollen anhand pantomimischer Darstellungen Erfahrungen sammeln, wie

sie Wut nonverbal ausdrücken können. Als Anregung für die Pantomime können die Konfliktsituationen aus der vorangegangenen Partnerbefragung dienen. Das jeweilige Befragungspaar stellt die Pantomime dar. Die Beobachter äußern sich darüber, was die Spieler vermutlich gefühlt haben. Die Spieler wiederum sagen, inwieweit die Beobachtungen ihren Intentionen entsprechen.

Umgang mit Angst

Im Abschnitt **Ich habe Angst vor ...** werden zahlreiche Ängste mit der Zielstellung ins Gespräch gebracht, dass sich die Schüler mit eigenen Ängsten und Angst auslösenden Situationen auseinander setzen. Indem sie ihre Ängste benennen und darüber sprechen, vollziehen sie den ersten Schritt zur Angstbewältigung. Der Abschnitt **Die Angst besiegen** greift zusammenfassend Verhaltensweisen auf, die zur Überwindung von Angst dienen.

Ich habe Angst vor ...

Hintergrundwissen: Angst Erwachsener

Angst gibt es in unzähligen Erscheinungsformen und aus unterschiedlichen Gründen. Alle Menschen haben zumindest ab und an solche Gefühle. Aber nur wenige stehen dazu. Einerseits sind die Ängste Erwachsener anderer Natur als die von Kindern, andererseits werden Kinderängste auch von den Ängsten Erwachsener beeinflusst.

Zu den hauptsächlichsten Ängsten Erwachsener gehören:

- Angst in einer Welt ohne Gott;
- Angst vor dem ungelebten Leben in einer arbeitsteiligen Industriegesellschaft;
- Angst vor, in und nach großen Kriegen;
- Angst vor dem eigenen Tod;
- Angst vor dem falschen Gebrauch der eigenen Freiheit;
- Angst vor Heimatverlust in einer mobilen Gesellschaft;
- Angst vor technischer Bevormundung;
- Angst vor der Komplexität der technisch-wirtschaftlich globalisierten Welt;
- Angst vor beruflichem Versagen;
- Angst vor persönlicher Armut, Arbeitslosigkeit und/oder allgemeinem wirtschaftlichem Niedergang.

(Mathias Schreiber: Welt aus Schmerz und Stille. In: Der Spiegel, Nr. 35/2006, S. 152.)

Anregungen zum Einstieg

Methode: Assoziationsstern ***M 16***

Ein Assoziationsstern eignet sich hervorragend zum Einstieg in ein Thema. Die Schüler können eigene Ideen und Lösungsansätze für ein Thema finden.

1. An der Wandtafel wird ein Stern gezeichnet. In die Mitte des Sterns wird das Thema, das Problem oder die Fragestellung geschrieben, damit sich die Schüler immer wieder daran erinnern können.
2. In den Klassenstufen 5/6 sollte der Lehrer die Ideen aufschreiben. Sie werden an die Strahlen des Sterns geschrieben. Jede Idee wird aufgenommen. Die Schüler können sich auch mehrfach äußern.
3. Rückfragen, Kritik und Kommentare zu den Äußerungen sind in der Phase der Ideensammlung nicht gestattet. Es sollten möglichst kurze Begriffe notiert werden.

Gründe von Kinderängsten

In den Assoziationsstern ⇒ **M 16** können beispielsweise folgende Kinderängste Aufnahme finden: Alleinsein, Trennung der Eltern, Tod, Träume, Überforderung, Strafen, Liebesentzug, Drohungen, Fremde, Schuldgefühle, Ablehnung, Gewalt, Versagen.

Zur Arbeit mit dem Lehrbuch

Angst erleben ⇒ **LB, S. 67**

Durch die Zeichnungen sollen die Schüler angeregt werden, über das Erleben ihrer Ängste zu sprechen. Es lassen sich von links oben nach rechts unten folgende physische Reaktionen feststellen:

Schweißhände – Atemanhalten – Stottern – Übelkeit – Rotwerden – Herzklopfen – Zittern – Gänsehaut (L)

Methode: Standbild-Bauen ***M 17***

Menschen können Situationen darstellen und Gefühle zum Ausdruck bringen, ohne dass sie sich verbaler Äußerungen bedienen. Gerade in besonderen Lebenssituationen vermitteln sie anderen ihre Gefühle (Trauer, Angst, Wut, Freude) über die Sprache des Körpers. Mit der Mimik (Augen, Mund, Nase, Gesichtsmuskeln), der Gestik (Hände, Arme, Füße und Beine), der Körperhaltung (Kombination der Körperteile zu einem Ganzen) sowie der Bewegung im Raum (Abstand zu anderen Menschen) verfügt der Mensch über außersprachliche Mittel, um sich gegenüber anderen zu äußern.

(V)

1. Gemeinsam wird ein Thema festgelegt. Es kann eine Fragestellung, eine eigene Erfahrung, eine bestimmte Meinung, ein Lösungsvorschlag etc. sein.
2. Es wird ein Regisseur bestimmt, der die Aufgabe übernimmt, nach seinen Vorstellungen ein Standbild zu bauen.
3. Dazu wählt er sich nach und nach Mitschüler aus, die zu seinen Vorstellungen von seinem Bild passen (Aussehen, Größe, Kleidung, Geschlecht).
4. Diese stellt er in die von ihm gewünschte Position. Ohne Worte verdeutlicht er ihnen, welche Körperhaltung, Gestik und Mimik sie annehmen sollen. Auch die Haltung der Personen zueinander wird gestaltet. Gegenstände aus dem Klassenzimmer können als Elemente einer Kulisse mit verwandt werden.
5. Die Mitspieler und die Zuschauer verhalten sich absolut passiv. Es wird nicht gesprochen.
6. Wenn das Standbild fertig geformt ist, erstarren die Mitspieler auf ein Zeichen des Erbauers für etwa eine halbe Minute in der ihnen zugewiesenen Haltung.
7. Die Zuschauer beobachten das Standbild und lassen es auf sich wirken.
8. Anschließend wird das Standbild besprochen. Zuerst beschreiben die Zuschauer das Bild und interpretieren es. Anschließend berichten die Mitspieler über ihre Empfindungen und Einschätzungen.
9. Schließlich wird der Baumeister nach seinen Absichten und Vorstellungen gefragt. Zu den Interpretationen der Mitschüler soll er Stellung nehmen.

(Bundeszentrale für politische Bildung [Hg.]: Methoden-Kiste extra, Bonn 2004, S. 7B.)

Gefühls-Standbilder Angst ⇒ **LB, S. 67**
Zu der im Lehrbuch angebotenen Variante bieten sich noch folgende Abwandlungen an:

Möglichkeit 1
Dreier-Gruppe: Bildhauer, Statue, Zwillingsstatue
1. Der Bildhauer schließt die Augen, die Statue nimmt eine beliebige Position ein. Durch Abtasten erfühlt der Bildhauer deren Pose und modelliert sie anhand der Zwillingsstatue nach.
2. Die Statue stellt ein Denkmal dar. Der Bildhauer prägt es sich optisch ein, dreht sich um 180 Grad und formt die Zwillingsstatue entsprechend aus dem Gedächtnis nach (Noch schwieriger: spiegelbildlich nachbilden!).

Möglichkeit 2
Fünfer-Gruppe: ein Bildhauer, ein Student, drei Statuen. Ein Bildhauer formt aus drei Statuen ein Denkmal. Der Student erfühlt das Denkmal mit geschlossenen Augen. Dann löst sich die Denkmalsgruppe auf und mit geöffneten Augen versucht der Student, das Denkmal wieder in der gleichen Weise nachzubilden.

(Nach: Bernd Müller: Berühren – Kooperieren – Kämpfen, Berliner Institut für Lehrerfort- und -weiterbildung und Schulentwicklung, Berlin 1994, S. 17f.)

Schüler äußern ihre Angstgefühle ⇒ **LB, S. 68**
Die Beispiele der Kinder sind in einem Unterrichtsgespräch zu besprechen. Es sollten die Motive für die Angst der Kinder herausgearbeitet werden. Folgende Ängste sind in den Beispielen festzustellen:
- Janin G., 11 Jahre: Angst wegen fehlendem Selbstvertrauen
- Rico K., 12 Jahre: Angst vor dem Verlust eines Elternteils
- Kathleen W., 12 Jahre: Angst wegen eines nicht verarbeiteten, schlechten Erlebnisses
- Mary S., 12 Jahre: Angst vor dem Versagen
- Mario L., 11 Jahre: Angst vor Gewalt
- Bert M., 11 Jahre: Angst vor dem Tod eines Familienmitglieds

Umgang mit Ängsten ⇒ **KV 13**
Die auf dieser Kopiervorlage enthaltenen Angstsituationen ermöglichen die Fortsetzung und Vertiefung der Motivsuche von Ängsten, wie es bereits anhand des Lehrbuchs »Schüler äußern ihre Angstgefühle« ⇒ **LB, S. 68** erfolgt ist.

Angst bedeutet ⇒ **AH, S. 26**
Die Seite des Arbeitsheftes kann im Zusammenhang mit den Aufgaben im Lehrbuch zum Äußern von Angstgefühlen ⇒ **LB, S. 68** realisiert werden. Das Arbeitsblatt will die Schüler anregen, ihre Angstgefühle zeichnerisch darzustellen. Vorgeschlagen wird das Zeichnen von Figuren, Symbolen, Flächen oder Träumen, die mit Angst etwas zu tun haben.

Was mir Angst macht ⇒ **AH, S. 25**
Es bietet sich an, auch diese Seite des Arbeitsheftes hier einzusetzen, weil es wie bei den vorangegangen Materialien um die Analyse von Angstsituationen geht. Zu vorgegebenen Zeichnungen, die Angstsituationen zum Ausdruck bringen, sind Gedankenblasen aufzuschreiben, die über das Denken und Fühlen der Betroffenen Auskunft geben.

Tobias hat Angst ⇒ **LB, S. 70**
Bei der geschilderten Situation Tobias betreffend handelt es sich um Mobbing. Da es im 4. Kapitel ⇒ **LB, S. 122** speziell um Mobbing in der Schule geht, kann die Diskriminierung Tobias' dort nochmals aufgegriffen werden.

Zusätzliche Anregungen

Methode: Meditation **M 18**

Was ist Meditation? Meditation kann allgemein als Reflexion über mein Leben in dieser Welt bezeichnet werden. Anders formuliert: Der meditierende Mensch sucht in der Meditation einen Weg von außen nach innen, um sich selbst und seine Gefühle besser verstehen zu können. Dabei spielt die Besinnung, Sammlung und Stille eine besondere Rolle.

1. Bereitschaft zur Stille wecken

Um Erfahrungen mit der Stille sammeln zu können, ist es nötig, dass sich der Schüler ganz auf sich selbst konzentriert. Dabei muss er die alltägliche Umgebung ausschalten, sich von der Reizüberflutung des Alltags lösen, um sich selbst zu spüren und wahrnehmen zu können. Das gelingt, wenn der Schüler seine Aufmerksamkeit auf etwas lenkt, das seine Sinne ganz gefangen nimmt. Das kann mit einem Lied oder einem Musikstück, aber auch mit einem gemeinsam gesprochenen Kanon erreicht werden.

Kanon:

Zeit für Ruhe,
Zeit für Stille,
Atem holen und nicht hetzen,
unser Schweigen nicht verletzen.
Lasst uns in die Stille hören.

(Gerhard Krombusch: Mit Kindern auf dem Weg in die Stille. Arbeitshilfe zu: Komm mit zur Quelle, 2. Aufl. Impulse, Drensteinfurt 1989, S. 158.)

Zusätzlich sollte mit den Schülern noch folgendes vereinbart werden:

- Jeder verhält sich leise, auch wenn ihm etwas nicht gefällt.
- Jeder achtet nur auf sich selbst und nicht auf andere.
- Jeder konzentriert sich und versucht, so gut wie möglich aufzupassen.
- Jeder spricht für sich und doch gemeinsam den Kanon.

2. Natur und Textmeditation

Bei der hier vorgesehenen Meditation handelt es sich um eine Kombination beider Meditationsformen. Die Form der Meditation ergibt sich aus den verwendeten Medien bzw. den Materialien, die zum Einsatz gelangen.

Die Schüler schließen die Augen und machen sich durch Tasten, Greifen und Fühlen mit einem Gegenstand, z. B. einem Kieselstein, vertraut. Wie fühlt er sich an? Ist er kalt oder warm? Spitz oder rund? Wie schwer ist der Gegenstand? Was kann man damit machen? Jeder Schüler liest dann für sich einen entsprechenden Text, z. B. den Text »Ein Stein erzählt« ⇒ **KV 14**.

Die Natur- und Textmeditation werden zusammengeführt, wobei den Schülern Zeit gegeben werden muss, sich in den Gegenstand und in den Text einzufühlen. Über das Befühlen und Lesen gelangen die Schüler zu sich selbst. Es ist ein Vorgang, der von außen nach innen verläuft.

3. Meditationserfahrungen ausdrücken

Inwieweit sich ein Schüler von einem Gegenstand und dem dazugehörigen Text berühren lässt, liegt an ihm selbst. Jeder Schüler empfindet auf seine persönliche Art und Weise. Das sollte immer beachtet werden.

Die Schüler, die das Bedürfnis verspüren, erzählen ihre Geschichte des Gegenstandes im Kontext des jeweiligen Gefühls. Der Lehrer kann durch entsprechende Formulierungen (»Der Gegenstand erinnert mich an …,«, »Es ist wie …«, »Ich stelle mir vor, …«, »Der Gegenstand erzählt von mir …«, »Ich erlebe mich als …«) den Vorgang des Assoziierens und Identifizierens anregen.

Ein Stein erzählt ⇒ **KV 14**

Es bietet sich an, Angsterfahrungen der Schüler durch eine Meditation ⇒ **M 18** zu bearbeiten. Die Schüler sollten die Kopiervorlage erst dann erhalten, wenn sie sich mit ihrem Stein vertraut gemacht haben.

1. Die Schüler schließen die Augen und öffnen ihre Hände wie Schalen. Jeder erhält nun einen kleinen Kieselstein in die Hände gelegt und macht sich mit ihm vertraut.
2. Jeder Schüler liest für sich langsam den Text »Ein Stein erzählt« ⇒ **KV 14**. Den Schülern muss Zeit gelassen werden, sich in den Stein und in den Text einzufühlen.
3. Jeder Schüler, der möchte, erzählt die Geschichte seines Steins vor dem Hintergrund des Gefühls der Angst.
4. Die Schüler, die erzählen möchten, können dabei durch den Lehrer angeregt werden: »Der Stein erinnert mich an ...« oder »Der Stein erzählt mir von …«.

Die Angst besiegen

Zur Arbeit mit dem Lehrbuch

Sabine macht sich einen Kopf/Elfie will ihr Geld wiederhaben ⇒ **LB, S. 73**

Für beide Situationen sind entsprechend der Aufgabenstellung im Lehrbuch Rollenspiele ⇒ **M 3** vorgesehen. Je nach Bedarf können vom Lehrer noch weitere Rollenspielsituation aus diesem Lernabschnitt mit herangezogen werden. Die Rollenspiele dienen dem Aufbau geeigneter Handlungsstrategien bei der Angstbewältigung. Inhaltlich geht es dabei um die fünf Ratschläge zur Überwindung von Angst ⇒ **LB, S. 73**. Sie dienen als Orientierung zur Auswertung der Rollenspiele.

(V) 1. Beide Ausgangssituationen werden von jeweils zwei Schülergruppen im Rollenspiel einer Lösung zugeführt. Durch das mehrmalige Vorspielen ergeben sich in der Regel interessante Varianten der Problembewältigung.

2. Jeweils fünf Schüler bilden eine Rollenspielgruppe. Die Gruppe legt selbstständig die Rollen fest, die für die Realisierung des Rollenspiels notwendig sind. Neben den durch den Ausgangstext festgelegten Rollen können demzufolge noch weitere Rollen besetzt werden.

3. Den Rollenträgern (Spielern) sollten ca. zehn Minuten zur Vorbereitung auf das Spiel (Argumente für die Rolle, Absprachen etc.) eingeräumt werden.

3. Kapitel: Menschen, die mir nahe sind

Im Mittelpunkt dieses Kapitels stehen die sozialen Beziehungen der Schüler. Sie erfahren, dass sich eigene Entwicklung immer im Kontext verschiedener Beziehungen mit anderen Menschen vollzieht. Dabei geht es um die bewusste Wahrnehmung solcher Beziehungen in der Familie und in Freundschaften sowie um Fragen und Probleme, die damit verbunden sind.

Familie – eine starke Gemeinschaft

Der erste Abschnitt **Familienbilder** befasst sich mit verschiedenen Formen familiären Zusammenlebens. Auch der Wandel der Familie im Laufe der Geschichte kommt zur Sprache. Im Gliederungsabschnitt **Was Familie ausmacht** wird hervorgehoben, dass die Familie die wichtigste Sozialisationsinstanz darstellt. In ihr spürt der Schüler Fürsorge, Anerkennung und Geborgenheit, lernt es aber zugleich, mit Schwierigkeiten und Konflikten fertig zu werden. Der letzte Unterpunkt **Meine Wunschfamilie** soll anregen, über Anforderungen nachzudenken, die eine glückliche Familie ausmachen.

Familienbilder

Anregungen zum Einstieg

Rollen in meinem Leben
Zum besseren Verständnis der beiden folgenden Kapitel empfiehlt es sich, auf die Rollenproblematik einzugehen. Es ist nicht erforderlich, die nachfolgende Rollenerklärung mit den Schülern zu erarbeiten. Die Visualisierung der Rollen kann durch einen Assoziationsstern ⇒ **M 16** erfolgen.

Hintergrundwissen: Rollen in meinem Leben
Man spricht von Rollen und Rollenerwartungen und meint damit bestimmte Vorstellungen vom richtigen Verhalten des einzelnen Menschen in unterschiedlichen Situationen. Jeder Mensch erlernt im Lauf seiner Entwicklung verschiedene Rollen. Wenn ein Rolleninhaber den Erwartungen nicht gerecht wird, also »aus der Rolle fällt«, sind die Betroffenen verärgert, enttäuscht, verunsichert. Aus nicht erfüllten Rollenerwartungen können Konflikte mit anderen entstehen. Zum Beispiel treffen den Schüler die Erwartungen seiner Eltern (sei fleißig, bringe gute Zensuren nach Hause), der Lehrer (widersprich nicht dem Unterrichtenden, störe nicht den Unterricht) und die der anderen Mitschüler (sei kameradschaftlich und verschwiegen).

Ⓐ 1. Tragt zusammen, welche Rollen ihr in eurem Leben spielt (Tochter/Sohn; Schwester/Bruder; Enkelin/Enkel; Neffe/Nichte; Cousin/Cousine; Freund/Freundin; Schulfreund/Schulfreundin; Schülerin/Schüler u. a.).
2. Wie unterscheidet sich eurer Verhalten in den einzelnen Rollen? Schreibt die typischen Verhaltensmerkmale der einzelnen Rollen auf.

Ⓐ Setzt euch mit zwei Rollen auseinander, die ihr zurzeit innehabt und die für euch wichtig sind.
1. Setzt euch zunächst mit der Rolle auseinander, die euch am meisten Vergnügen bereitet, und dann mit der Rolle, die euch das stärkste Kopfzerbrechen macht.
2. Charakteristik der angenehmen Rolle
Macht auf einem Zeichenpapier eine Skizze (Strichmännchen reichen aus), die euch selbst und die wichtigsten Partner, die zu dieser Rolle gehören, darstellt. Macht euch anhand der Anordnung der Personen deutlich, was zwischen euch geschieht. Schreibt dann zu jeder Person, was sie von euch will und erwartet. Schreibt zu euch selbst, wozu ihr bereit seid und wozu nicht.
3. Finden von Spielregeln
Welche Spielregeln gelten für alle Beteiligten in diesem Rollenfeld? Findet mindestens eine Spielregel heraus, z. B. kann in meiner Familie die Regel gelten: »Hausarbeiten werden von allen gemeinsam erledigt!« In manchen Freundesgruppen gilt vielleicht die Spielregel: »Über Erwachsene darf man nur abfällig reden«.
4. Wählt das gleiche Vorgehen für die schwierige Rolle (Charakteristik der schwierigen Rolle; Finden von Spielregeln).
5. Kommt in Vierergruppen zusammen und tauscht euch über eure Ergebnisse aus. Entscheidet selbst, welche Gedanken und Notizen der ganzen Klasse mitgeteilt werden.

(Nach: Klaus W. Vopel: Interaktionsspiele für Jugendliche. Teil 2, Iskopress, Hamburg 1994, S. 56 ff. – Quellenangabe betriff die unteren Aufgaben 1– 5.)

Was ein Kind gesagt bekommt
Das Gedicht kann zur Einführung in diesen Unterrichtsabschnitt genutzt werden. Es ist geeignet, den

Schülern zur kritischen Distanz gegenüber bestimmten Regeln zu verhelfen. In Anlehnung an das Gedicht sprechen die Schüler über Regeln und Ermahnungen der Erwachsenen, die zu hinterfragen sind. Sie nennen Beispiele, die das belegen: »Halte dich da raus!«, »Sei endlich still«, »Geh raus!«, »Mit vollem Munde spricht man nicht!«, »So gehst du nicht aus dem Haus!«, »Mach nicht so große Schritte!«, »Lass die große Schwester in Ruhe!«, »Glaube nicht, dass die auf dich warten!«, »Das macht man nicht!«, »Träum nicht, pass auf!«.

(L) **Was ein Kind gesagt bekommt**

Der liebe Gott sieht alles.
Man spart für den Fall des Falles.
Die werden nichts, die nichts taugen.
Schmökern ist schlecht für die Augen.
Kohletragen stärkt die Glieder.
Die schöne Kindheit, die kommt nicht wieder.
Man lacht nicht über ein Gebrechen.
Du sollst Erwachsenen nicht widersprechen.
Man greift nicht zuerst in die Schüssel bei Tisch.
Sonntagsspaziergang macht frisch.
Zum Alter ist man ehrerbötig.
Süßigkeiten sind für den Körper nicht nötig.
Kartoffeln sind gesund.
Ein Kind hält den Mund.

(Bertolt Brecht: Was ein Kind gesagt bekommt. In: Gesammelte Werke. Suhrkamp Verlag, Frankfurt/M. 1967, Band 9, S. 585.)

Zur Arbeit mit dem Lehrbuch

Familienbilder ⇒ **AH, S. 28**
Die Seite des Arbeitsheftes ergänzt die Beispiele des Lehrbuchs zu den »Familienformen heute« ⇒ **LB, S. 75**. Als fiktive Redakteure einer Tageszeitung sollen die Schüler Bildunterschriften formulieren und durch das Hineinversetzen in die Rolle einer der auf den Fotos abgebildeten Personen eine Familiengeschichte schreiben.

Methode: Interviews ***M 19***

Interviews kommen vor allem dann zum Einsatz, wenn Schüler im Rahmen einer Erkundung ⇒ **M 7** Personen Fragen stellen wollen, deren Antworten in den Unterricht einbezogen werden sollen.
Während beim offenen Interview das spontane Reagieren auf Äußerungen zum Thema im Vordergrund der Gesprächsführung steht, erfolgt beim geschlossenen Interview die Befragung auf der Grundlage eines zuvor erarbeiteten Fragenkatalogs. Die Fragen sollten verständlich, kurz und eindeutig formuliert sein.

1. Festlegung einer genauen Fragestellung bzw. eines Themas, zu dem interviewt werden soll.
2. Erarbeitung eines Fragenkatalogs für die Interviewer. Kommt ein geschlossenes Interview zum Einsatz, dann sind mehrere Antwortmöglichkeiten einzuräumen z. B. »stimme gar nicht zu«, »stimme eher nicht zu«, »stimme teils teils zu«, »stimme eher zu«, »stimme vollkommen zu«.
3. Festlegung, in welcher Form die Ergebnisse des Interviews festgehalten werden, z. B. Mitschrift, Fragebogen oder Kassettenrecorder
4. Auswertung der Interviews nach zuvor festgelegten Kriterien und Einbeziehung der Ergebnisse in den Unterricht, z. B. in Form eines Plakats oder einer Wandzeitung

Interview: Wie lebten die Familien früher? ⇒ **LB, S. 76**
Wenn das Interview gut vorbereitet wird, kann es einen lebendigen Beitrag für den Unterricht leisten. Die Fragen dienen, wie im Lehrbuch auch angegeben, nur als Orientierung. Wenn die Befragung außerhalb der Familien stattfindet, hat es sich bewährt, kleine Interviewgruppen zu bilden, die die Interviews durchführen. Vor der Befragung sind die Befragten unbedingt über die Absichten des Interviews zu informieren.

Was Familie ausmacht

Zur Arbeit mit dem Lehrbuch

Meine Familie ⇒ **LB, S. 78**
Das Besprechen der Geschichte von Leonie kann so, wie im Lehrbuch vorgeschlagen, erfolgen. Als Ergänzung bietet es sich an, die Schüler über ein Zettelstorming ⇒ **M 20** aufschreiben zu lassen, was sie unter einer guten Erziehung verstehen. Es wird weiter empfohlen, im Anschluss an die Auswertung der Geschichte im Lehrbuch und des Zettelstormings mit einem Zusatztext von Hermann Hesse »Von Vater und Mutter« ⇒ **KV 15** das wichtige Problem des Verzeihens in der Familie ins Gespräch zu bringen.

Methode: Zettelstorming ***M 20***

Das Zettelstorming ist eine besondere Form des Brainstormings ⇒ **M 13**. Es bedeutet Ideensammlung auf einem Zettel. Jeder Schüler schreibt seine Ideen auf einen Zettel (pro Zettel nur eine Bemerkung). Anschließend werden die Zettel vorgelesen, geordnet und besprochen. Diese Methode eignet sich auch für Aufgaben, die aufgrund ihres sehr persönlichen Charakters dem Verfasser nicht zugeordnet werden sollen.

(A) Zettelstorming: Was ist für euch eine gute Erziehung? Jeder Schüler sollte nur ein Beispiel anführen, was er unter guter Erziehung versteht. Die Aufgabenstellung könnte mit dem Hinweis verbunden werden, dass nur das aufgeschrieben werden soll, was sie für das Wichtigste halten.

Von Vater und Mutter ⇒ **KV 15**
Jemandem verzeihen zu können bzw. einen anderen um Verzeihung zu bitten, setzt die Anerkennung von Schuld bzw. das Einsehen eines Fehlverhaltens voraus. Menschen können nicht gut zusammenleben, wenn sie nicht in der Lage sind, anderen zu verzeihen und andere um Verzeihung bitten zu wollen. Das gilt für das Zusammenleben in der Familie in besonderem Maße.

Zunächst tragen die Schüler die Ergebnisse ihrer Schreibversuche vor, die den Schülern zur Bearbeitung des Textes aufgegeben worden sind ⇒ **KV 15**. Bevor sie mit dem Schreiben beginnen, sind unter Umständen nochmals Aspekte des Schreibens literarischer Texte ⇒ **M 8** zu besprechen. Die weitere Erschließung könnte durch Rollenspiele ⇒ **M 3** erfolgen.
• Zunächst kann die Situation, wie die Geschichte zwischen dem Vater und dem Sohn weitergehen könnte, im Rollenspiel dargestellt werden. Der Lehrer wird aus den Ergebnissen der Schreibversuche geeignete Rollenspielkonstellationen initiieren können. Rollen: Vater und Sohn.
• Um verschiedene Verhaltensweisen im Spiel zu erproben, kann die Handlung der Geschichte variiert werden. Vorschlag: Angenommen, der Sohn gibt den Fensterschuss sofort zu. Wie hätte sich dann die weitere Handlung der Geschichte entwickelt (z. B. Gespräche des Vaters – im Beisein des Sohnes – mit dem Handwerker)? Rollen: Vater, Sohn, Handwerker. Was passiert, wenn eine weitere Person (z. B. die Mutter) in das Geschehen mit eingreift?

Meinungsbilder ⇒ **LB, S. 79**
Im Zusammenhang mit den Äußerungen der drei Schüler Boris, Merle und Tobi lässt sich ein Erfahrungsaustausch in der Klasse realisieren. Die Meinungsbilder lassen sich auch im Zusammenhang mit »Aufgaben in der Familie« ⇒ **LB, S. 81** bearbeiten.

(Z) **Erfahrungsaustausch: Mein Platz in der Familie**
Mit niemand sonst erleben Menschen so viel Rivalität wie mit ihren Geschwistern. Da dürfen Größere abends länger aufbleiben, Kleinere müssen die Sachen der Älteren auftragen und bekommen weniger Taschengeld. Oft sind Eltern gegenüber ihren jüngeren Kindern oft gelassener. Sie dürfen beispielsweise mit Freunden im Alter von 14 Jahren in den Urlaub fahren. Das war für die älteren Geschwister undenkbar.

Bildet Gruppen, in denen sich die Jüngsten, die Mittleren, die Ältesten und die Einzelkinder zusammentun. Welche Erfahrungen habt ihr gemacht? Ihr könnt euch auch noch weitere Fragen überlegen. (A)

1. Welche Vorteile und welche Nachteile hat euer Platz in der Familie?
2. Welche Rolle spielt es dabei, ob ihr ein Junge oder Mädchen seid?
3. Wer ist der erste Ansprechpartner, wenn ihr ein Problem habt?
4. Wie beurteilt ihr den Umgang mit Konflikten in eurer Familie?
5. Könnt ihr bei Familienangelegenheiten mitbestimmen?
6. Welchen Anteil habt ihr bei Aufgaben in der Familie zu erfüllen?
7. Geht es bei euch gerecht zu?

Ein Rollenspiel: Wir können uns nicht einigen ⇒ **LB, S. 80**
Hier sollen die Schüler feststellen, dass diese Art Kommunikation in der Familie nicht zur Lösung von Problemen beiträgt. Den Rollen sind folgende Merkmale zugeordnet:
• Rolle 1: aggressiv
• Rolle 2: beschwichtigend
• Rolle 3: indirekter Angriff
• Rolle 4: vom Thema abschweifend
Gespielt wird der Reihe nach, der Aggressive fängt an. Dann spielt man je drei Runden. Danach werden die Rollen gewechselt. Jeder übernimmt die Rolle seines linken Nachbarn. Jeder muss einmal jede Rolle gespielt haben (also 4 × 3 Runden). Zur Auswertung können folgende Fragen mit herangezogen werden:
1. Wer war in welchen Rollen am besten?
2. Wem fiel welche Rolle am schwersten?
3. Wie fühle ich mich in jeder der vier Rollen?
4. Welche scheint mir am meisten zu liegen?

In der weiteren Auswertung ist insbesondere auf die 3. Aufgabe einzugehen, die zu Veränderungen der Rollenbeschreibungen auffordert, um zu einem guten Ergebnis zu gelangen.

Rollenspiel: »Familienurlaub« ⇒ **AH, S. 30**
Als Variante zum Beispiel im Lehrbuch »Ein Rollenspiel: Wir können uns nicht einigen« ⇒ **LB, S. 80** wird diese Seite im Arbeitsheft angeboten. Schwerpunkt sollte hier sein, die Rollenbeschreibung so zu ändern, dass man zu einem guten Ergebnis kommt.

Geschwister streiten sich ⇒ **AH, S. 31**
Die Arbeitsheftseite ergänzt die Bearbeitung der »Aufgaben in der Familie« ⇒ **LB, S. 81**. Es wird eine Streitsituation zwischen Geschwistern bei der Erfüllung von Familienaufgaben vorgestellt. Anhand von sieben Möglichkeiten der Streitaustragung beurteilen die Schüler diese hinsichtlich einer echten Streitbewältigung.

Methode: Szenisches Spiel **_M 21_**

Als Vorlage zur Erarbeitung einer szenischen Fassung dienen originale literarische Texte bzw. Textausschnitte. Obwohl die Schüler beim szenischen Spiel in Situationen handeln, die ihnen der Text vorgibt, geben sie den Figuren entsprechend der eigenen Persönlichkeitsdisposition Gestalt und Ausdruck. Somit kann das szenische Spiel zum Erfahrungsfeld für die Schüler werden. Wenn die Schüler sich beim Handeln in ungewöhnlichen Rollen und Szenen erproben, entdecken und entwickeln sie Gefühle und Wünsche, aber auch Verhaltensweisen und -möglichkeiten.

(V) 1. Zunächst müssen sich die Spieler eine genaue Vorstellung von den Haltungen und Handlungen der Figur erarbeiten, die sie spielen.
2. Im eigentlichen Spiel geht es vor allem um die differenzierte Interpretation einer Szene (die Dialoge werden spontan entwickelt, Spielleiter übernimmt evtl. die Rolle eines Erzählers).
3. Die Gruppe beurteilt zum Abschluss des szenischen Spiels die unterschiedliche Deutung der gespielten Rollen.

Zwischen den Eltern zerrissen: Im Kreidekreis ⇒ **LB, S. 85**

Das Thema »Scheidung« ist mit allen seinen Folgen, die insbesondere Kinder zu bewältigen haben, emotional sehr stark besetzt. Deshalb muss der Lehrer hier sehr feinfühlig vorgehen. Keinesfalls dürfen Schüler zum Reden aufgefordert werden, die selbst eine solche Situation zu bewältigen haben. Es sei denn, sie fangen von sich aus an, darüber zu sprechen. Das vorgeschlagene szenische Spiel im Zusammenhang mit der Erzählung »Zwischen den Eltern zerrissen: Im Kreidekreis« ⇒ **LB, S. 85** und die »Erarbeitung von Grundsätzen, die Eltern und Kinder bei einer Scheidung beachten müssen« ⇒ **LB, S. 86** bieten die Gewähr für eine indirekte Bearbeitung dieser Problematik.

Die Erzählung kann als Ausgangspunkt für ein szenisches Spiel ⇒ **M 21** genutzt werden. Durch das Lesen des Textes haben sich die Schüler in die Figuren »eingedacht«. Im szenischen Spiel können sie jene Deutungen zum Ausdruck bringen, die ihnen im Zusammenhang mit der Problematik Scheidung wichtig sind.

(V) Es werden vier Rollen benötigt: Vater, Mutter, kleine und große Schwester. Es sollten mehrere Gruppen das szenische Spiel vorführen.

Zur Vorbereitung auf das szenische Spiel sind den Schülergruppen ca. zehn Minuten einzuräumen.

Erziehungsziele ⇒ **AH, S. 32**

Die Schüler sollen vorgegebene Satzanfänge spontan beenden. In diese Sätze werden Vorschriften und Erziehungsziele verpackt, die mit einer bestimmten Erwartungshaltung an das Verhalten verbunden sind. Hier wie auch im gesamten Gliederungsabschnitt »Was Familie ausmacht« ⇒ **LB, S. 78 – 86** werden zahlreiche Erziehungsziele zur Diskussion vorgestellt und mit den Schülern besprochen. Im Arbeitsheft wird zur Einordnung dieser Erziehungsziele aufgefordert. Diese Einordnung kann auch an der Wandtafel geschehen oder im Schreibheft der Schüler vorgenommen werden.

Ordne in die Tabelle mit den Spalten »wichtig«, »weniger wichtig« und »überflüssig« die dir bekannten Erziehungsziele ein. (A)

wichtig	weniger wichtig	überflüssig

Meine Wunschfamilie

Zur Arbeit mit dem Lehrbuch

Familie – ein starkes Team ⇒ **LB, S. 87**

Abschließend zum Unterpunkt »Familie – ein starkes Team« erfolgt durch Gruppenarbeit das Zusammentragen von Vorschlägen, was eine glückliche, lebendige Familie ausmacht. Die Grundfrage lautet: Wie wird die Familie ein starkes Team, das gut zusammenarbeitet und gemeinsam zufrieden und erfolgreich ist?

Im Kapitel 4 dieses Buches erfolgen zu »Ritualen« ⇒ **LB, S. 107** und im Lehrerbegleitbuch ⇒ **LBB, S. 39f.** weitere Ausführungen.

Zusätzliche Anregungen

Meine Familie und ich ⇒ **AH, S. 29**

Es soll ein Gedicht über die Familie und eine Geschichte »Meine Traumfamilie« geschrieben werden. Die Ergebnisse des kreativen Umgangs mit dem Lerngegenstand können in die Gruppenarbeit zum Thema »Familie – ein starkes Team« ⇒ **LB, S. 87** einfließen.

Methode: Quattro **_M 22_**

Ein Quattro ermittelt ein Meinungsbild der Klasse zu einer Fragestellung. Für die Durchführung braucht jeder einen Satz von vier Karten, bestehend aus einer »Ja«-Karte, einer »Nein«-Karte, einer mit der Bedeutung »eher ja« und einer mit »eher nein« (was

sich etwa anhand unterschiedlicher Farben zuordnen ließe).
Der Spielleiter liest die erste Aussage vor. Dann nimmt jeder die Karte, die seine Position ausdrückt, und hält sie hoch. Alle, deren Position übereinstimmt, versammeln sich in einer Ecke des Raumes (das sind insgesamt vier – quattro) und formulieren ein erstes Statement zu der vorgelesenen Aussage, das vorgetragen und diskutiert wird.

(Z) **Solidarität in der Familie bedeutet für mich ...**
Im Quattro geht es um solidarisches Handeln in der Familie. Damit eignet es sich zur Vertiefung der Bearbeitung des Punktes »Familien-Rad: Gegenseitige Unterstützung« der Aufgabe im Lehrbuch ⇒ **LB, S. 87**. Das methodische Vorgehen erfolgt so, wie oben beschrieben.
1. Eltern sollten für das leibliche Wohl der Kinder sorgen.
2. Eltern sollten keine zu hohen Erwartungen an Kinder stellen, sondern die Begabungen der Kinder entsprechend fördern.
3. Kinder sollten Aufgaben in der Familie wahrnehmen, die ihrem Alter gemäß sind, wie z. B. helfen im Haushalt.
4. Eltern sollten Probleme nicht verschweigen, sondern sie so einbringen, dass Kinder sie verstehen können.
5. Kinder sollten gegenüber Problemen der Eltern nicht gleichgültig sein, sofern sie für die gesamte Familie bedeutsam sind.
6. Die Familie sollte sich um die älteren Familienmitglieder kümmern – ins Altersheim abschieben, ist keine Lösung.
7. Geschwister sollten sich nicht bestehlen. Familienmitglieder sollten sich nach Möglichkeit die Wahrheit sagen.
8. Gegenseitiges Verständnis ist wichtiger als Schuldzuweisungen.
9. Finanzielle Ausnutzung und Berechnung bedeuten den Tod liebevoller Beziehungen.
10. Eltern sollten sich nicht in jeden Geschwisterstreit einmischen.

(Ethik & Unterricht: Material Extra »Liebe«, 4/2005, S. 6.)

Freund – Freundin – Freundschaft

Zunächst werden die Schüler im Unterpunkt **Freundschaft – was ist das?** mit wesentlichen Merkmalen und Formen von Freundschaft vertraut gemacht. In einem weiteren Unterpunkt **Erfahrungen mit Freundschaft** geht es um eine vertiefende Reflexion individuell erlebter Freundschaft. Die Schüler verständigen sich darüber, was eine gute Freundschaft ausmacht.

Freundschaft – was ist das?

Anregungen zum Einstieg

Freundschaft ⇒ **M 4** Begriffsanalyse
Die Schüler erstellen eine Freundschaftspyramide, mit der sie eine Wertung von Eigenschaften vornehmen, die etwas mit Freundschaft zu tun haben. Ganz oben sollen jene Merkmale stehen, die in einer Freundschaft für sie besonders wichtig sind. Am Fuße der Pyramide stehen jene Eigenschaften, die für sie von geringerer Bedeutung sind.

1. Sammelt zunächst viele Eigenschaften, die mit Freundschaft im Zusammenhang stehen, ohne dabei eine Bewertung vorzunehmen. (A)
2. Nun bringt jeder für sich diese Eigenschaften in eine Reihenfolge.
3. Vergleicht dann untereinander die Rangfolgen. Diskutiert über die erzielten Ergebnisse. Welche Übereinstimmungen und Unterscheide könnt ihr feststellen?

Zur Arbeit mit dem Lehrbuch

Sternstunden ⇒ **LB, S. 88/89**
Es ist auch möglich, die Behandlung der Freundschaftsproblematik sofort mit der Geschichte »Sternstunden« zu beginnen. Anhand der Geschichte lernen die Schüler zwischen verschiedenen Formen der Freundschaft zu differenzieren.
Mit der Aufgabe 1 ⇒ **LB, S. 89** zur Auswertung der Geschichte werden die Schüler zu einer Begriffsanalyse ⇒ **M 4** aufgefordert. Das kann auch im Zusammenhang mit der eingangs besprochenen »Begriffspyramide Freundschaft« geschehen.

Freundschaft hat viele Gesichter ⇒ **LB, S. 90**
Mit der Auswertung der Geschichte »Sternstunden« ⇒ **LB, S. 88/89** und der Analyse von Fotos zu »Freundschaft hat viele Gesichter« ⇒ **LB, S. 90** wird den Schülern die ganze Bandbreite von Freundschaften bewusst. Einen Aspekt religiös initiierter Freundschaft wird mit der Kopiervorlage »Spuren im Sand« ⇒ **KV 16** angesprochen. Ebenso bietet es sich an, die Seite des Arbeitsheftes »Mein Freund, der Computer« ⇒ **AH, S. 35** hier mit einzubeziehen.

Spuren im Sand ⇒ **KV 16**
Das Gedicht thematisiert, wie Gottheiten als Freund des Menschen erlebbar werden. Das Mädchen Anna hat ihre Mutter verloren. Sie war damals 11 Jahre alt. Als älteste von vier Geschwistern wusste sie manch-

mal nicht, wie sie den Schmerz ertragen sollte. Ihre Freunde benahmen sich rücksichtsvoll, die Familie rückte eng zusammen. Dennoch schreibt sie in ihren Erinnerungen: »Es ist ein Gedicht, das mir sehr geholfen hat, nachdem meine Mutti gestorben war. Es hat mir geholfen, mich nicht allein zu fühlen und gibt mir die Gewissheit, es ist immer jemand da.«

Mein Freund, der Computer ⇒ **AH, S. 35**
Anhand zweier Fragen soll überlegt werden, wieso ein Schüler zu dieser Auffassung gelangt sein könnte: Warum bezeichnet der Schüler seinen Computer als besten Freund? Warum kann ein Computer kein Freund sein?

Methode: Texte fortführen und verfassen ***M 23***
Die Methode Texte fortführen und verfassen weist enge Bezüge zu den verschiedenen Arten des Gedankenexperiments ⇒ **M 28** auf.
1. Texte fortführen
Das Lehrbuch enthält Texte, die noch nicht zu Ende geschrieben worden sind bzw. solche, die einer Ergänzung bedürfen. Aus ihrer persönlichen Sicht ergänzen bzw. beenden die Schüler die Texte. Dabei versuchen sie, die Situation oder den Vorgang aus der Perspektive derjenigen zu beurteilen, die als Handelnde in Erscheinung treten.
- Sätze beenden: Es werden unvollständige Sätze vorgegeben, die durch die Schüler zu beenden sind. Ohne lange nachzudenken, soll der erste Einfall durch die Schüler ergänzt werden.
- Dialoge fortsetzen: Zu vorgegebenen Dialogen, die zumeist in Form eines Streitgesprächs formuliert sind, »erfinden« die Schüler entsprechende Fortsetzungen.
- Entscheidungsvarianten darstellen: Im Lehrbuch werden Episoden geschildert, die in eine Konflikt- oder Entscheidungssituation einmünden. Die Schüler sind, indem sie die Episoden fortschreiben, aufgefordert, entsprechende Lösungsvarianten vorzuschlagen.

2. Texte verfassen
Zu vom Lehrbuch vorgegebenen Sachverhalten und Abbildungen schreiben die Schüler Texte. Dabei dienen die Lehrbuchmaterialien als Impuls für die Schüler, um eigene Antworten auf die damit im Zusammenhang stehenden ethischen Frage- und Problemstellungen zu finden.
- Briefe, Meinungsäußerungen und Annoncen beantworten: In ihnen finden unterschiedliche Lebenshaltungen ihren Ausdruck. Die Schüler sollen sich, indem sie eine Antwort formulieren, in ungewohnte, fremde Situationen hineindenken.
- Kommentare schreiben: Zu Fotos und Abbildungen werden Kommentare geschrieben. Das verlangt von den Schülern, Momentaufnahmen zu analysieren und dabei Typisches zu entdecken.

Auf einer Wellenlänge ⇒ **LB, S. 91**
Zu fünf Punkten, die eine gute Freundschaft ausmachen, soll ein Punkt ausgewählt und dazu eine selbst erlebte oder eine erdachte Geschichte aufgeschrieben werden. Das Vorgehen entspricht dem Punkt 2 der Methode Texte fortführen und verfassen ⇒ **M 23.**

Was erwarte ich von meinen Freunden? ⇒ **LB, S. 93** (V)
In Variation zum Vorgehen im Lehrbuch wird Folgendes vorgeschlagen:
1. Die Schüler haben fünf Minuten Zeit, sich die »Kleeblätter« anzuschauen und herauszufinden, was ihnen bei einem Freund/einer Freundin am wichtigsten ist.
2. Die Schüler nennen nun jenes »Kleeblatt«, deren Qualität ihnen am meisten bedeutet. »Beansprucht« kein anderer die Karte, dann erklärt der einzige Bewerber, warum diese Qualität für ihn besonders wichtig ist. Die Mitschüler können durch Fragen sicherstellen, dass sie den Betroffenen genau verstehen.
3. Wenn mehrere Schüler dieselbe Karte wünschen, begründet jeder seinen Wunsch. Die Beteiligten müssen gemeinsam herausfinden, wer diese Eigenschaft wohl am meisten schätzt.

Hannes fehlt ⇒ **AH, S. 33**
Die Seite des Arbeitsheftes enthält eine unvollendete Geschichte. Die Schüler sollen sich in die Gedanken und Gefühle der Hauptperson hineindenken und sich ein Ende der Geschichte ausdenken. Das Vorgehen entspricht dem Punkt 1 der Methode Texte fortführen und verfassen ⇒ **M 23.**

Zusätzliche Anregungen

Enttäuschungen vermeiden – ein Spiel zum Kennen lernen
1. Jeder Schüler sucht sich aus der Klasse einen Mitschüler aus, an den er eine Frage stellen möchte. Die Frage wird aufgeschrieben. Ebenfalls wird die Antwort notiert, die man vom betreffenden Mitschüler erwartet.
2. Anschließend stellt jeder Schüler der Reihe nach seine Frage. Die Fragen werden vorgelesen und der oder die Betreffende sagt, ob er/sie die Frage beantworten will oder nicht. Nach der Antwort wird die vermutete Antwort des Fragestellers vorgelesen und mit der tatsächlichen Antwort des Mitschülers verglichen.
3. Folgende Fragen können als Anregung dienen, wobei allerdings nur solche Fragen gestellt werden dürfen, die der Fragende auch selbst beantworten würde:
- Wie reagierst du, wenn sich deine beste Freundin, dein bester Freund von dir abwendet?

• Was ärgert dich an einem Freund, an einer Freundin am meisten?
• Was magst du an einem Freund, an einer Freundin am meisten?
• Wie würdest du einem Freund, einer Freundin beistehen, der bzw. die sich in einer Notsituation befindet und bei dir Hilfe sucht?
• Was ärgert dich an dir selbst am meisten?
• Welche Gefühle kannst du bei dir am schwersten beherrschen?

Ratgeber: Freunde gewinnen oder verlieren ⇒ **KV 17**
Es ist ein Ratgeber zu schreiben, der zum einen die positiven Seiten einer Freundschaft hervorhebt und zum anderen darauf eingeht, wodurch man Freunde verliert.

Erfahrungen mit Freundschaft

Zur Arbeit mit dem Lehrbuch

Methode: Dilemmageschichten ***M 24***

Diese auf Lawrence Kohlberg zurückgehende Möglichkeit der Werteerziehung thematisiert in offener Form Probleme, für die es keine glatten Lösungen geben kann. Zwei Wertvorstellungen, deren Geltungsansprüche plausibel erscheinen, werden kontrastiv gegenübergestellt. Im Kern geht es darum, eingefahrene Denkwege in Frage zu stellen sowie das Für und Wider von Wertungen abzuwägen.
1. Die Schüler werden mit einem Konflikt konfrontiert, in dem zwei Werte miteinander konkurrieren.
2. In einem nächsten Schritt wird die Relevanz der moralischen bzw. ethischen Problematik analysiert.
3. Es folgt die Verunsicherung bisheriger Positionen, indem gewohnte Muster der Argumentation hinterfragt werden.
4. Dem schließt sich der Einbau neuer Elemente in das bisherige Werturteil an, was im Ergebnis zum Bewusstsein der neuen Position führt.

(Nach: Lawrence Kohlberg: Moralische Entwicklung und demokratische Erziehung, 1985.)

Die Ausleihe des Hefters ⇒ **LB, S. 95**
In dieser Dilemmasituation ⇒ **M 24** wird den Schülern über die Äußerungen zweier Mitschüler eine Hilfestellung zur Entwicklung ihrer Argumentation gegeben.

Es ist aber auch möglich, die Dilemmageschichte zunächst ohne die Zuschriften der Mitschüler zur Diskussion zu stellen. Den Schülern kann der Auftrag erteilt werden, einen Brief an Jan Philipp zu schreiben, in dem sie ihre Sicht über die Ausleihe des Hefters mitteilen. In der Auswertung könnte sich dann auf die Äußerungen der beiden Mitschüler bezogen werden.

Methode: Hohes Gericht ***M 25***

Das Spiel »Hohes Gericht« eignet sich zur Anwendung bei unterschiedlichen ethischen Problem- und Fragestellungen. Die Schüler üben dabei auf spielerische Art und Weise die Fähigkeit zur ethischen Urteilsbildung und zum Argumentieren.

1. Erforderlich ist eine Ausgangssituation, bei der es um die Verfehlung eines Menschen geht. (V)
2. Im Spiel werden Argumente für und gegen eine Bestrafung desjenigen vorgebracht, der die Verfehlung begangen hat.
3. Ein Richter entscheidet sich auf Grund der Argumente für oder gegen die Bestrafung. Weitere Rollen können durch einen Staatsanwalt und einem Verteidiger besetzt werden.
4. Das Urteil wird anschließend in der Klasse diskutiert.

Mein Freund Horst ⇒ **LB, S. 96**
Die Ausgangssituation ist durch den Text »Mein Freund Horst« ⇒ **LB, S. 96** vorgegeben. Ohne den Text zu besprechen, wird das Spiel »Hohes Gericht« ⇒ **M 25** durchgeführt.

1. Von einem Spieler (Staatsanwalt) werden Argumente für die Bestrafung von Horst (Angeklagter) vorgebracht. Ein weiterer Spieler (Verteidiger) führt Argumente gegen eine Bestrafung an, während ein dritter Spieler (Richter) die Entscheidung unter Berücksichtigung der vorgebrachten Argumente fällt. (V)
2. Nach der Argumentation von Staatsanwalt, Verteidiger und Richter erfolgt in der Klasse eine Diskussion über das »gefällte« Urteil. Es wird diskutiert, ob der Richter richtig entschieden hat. Was heißt überhaupt »richtig entscheiden«?

Freundinnen in Schwierigkeiten ⇒ **LB, S. 97**
Die Konfliktsituation um Kati, Andrea und Petra thematisiert verschiedene Dimensionen von Freundschaft. Der Text sollte – wie im Lehrbuch vorgeschlagen – in Gruppen bearbeitet werden. Von den Schülern können zusätzliche Möglichkeiten erdacht und den Mitschülern vorgelegt werden. Auch sollten die Schüler selbst Fragen an den Text stellen, die das Problem aus ihrer Sicht strukturieren. Möglich wäre es zudem, eine vierte Person hinzuzunehmen, mit der Andrea über ihre Lage spricht, die ihr Fragen vorlegt und möglicherweise Ratschläge geben kann. Die Gruppe C könnte in ihre Überlegungen auch die »Top Ten der Streit-Profis« ⇒ **KV 18** mit einbeziehen.

Die Top Ten der Streit-Profis ⇒ **KV 18**
Es werden zehn Hinweise vorgestellt, die gewährleisten sollen, dass Freunde auch nach einem Streit Freunde bleiben. Anhand zweier Streitsituationen überprüfen die Schüler, welche Hinweise für die Lösung der Streitsituationen dienlich sind.

Wie wichtig ist mir diese Freundschaft? ⇒ **LB, S. 98/99**
Der Test ist natürlich nur eine Momentaufnahme. Über den Wert einer Freundschaft gibt er auch nur bedingt eine Antwort. Wichtiger ist es daher, mit den Schülern jene Fragen und Probleme zu besprechen, die mit den Testfragen aufgeworfen werden. Es bietet sich an, die Testfragen durch Partner- bzw. Gruppenarbeit von jeweils zwei bis drei Schülern bearbeiten zu lassen. Die Kleingruppen könnten beispielsweise Begründungen für ihre Entscheidungen zu den einzelnen Testfragen formulieren.

Fünf gute Gründe für eine Freundschaft ⇒ **AH, S. 36**
Abschließend zu diesem Lernabschnitt sollen die Schüler einen »Freundschaftskuchen« in fünf unterschiedlich große Stück Kuchen einteilen. Mit dieser Einteilung werten sie Aspekte der Freundschaft nach der Bedeutung, die diese für ihre persönlichen Beziehungen haben.

4. Kapitel: Gut zusammenleben

Anliegen dieses Kapitels ist es, den Schülern bewusst zu machen, dass ihrer Freiheit Grenzen gesetzt sind. Damit das friedliche Zusammenleben in sozialen Gemeinschaften funktioniert, wird die Erkenntnis vertieft, dass das Zusammenleben mit anderen nur aufgrund eines Geflechts von Absprachen, Regeln und Gesetzen funktioniert. Neben der einschränkenden Funktion von Regeln und Normen lernen sie zugleich auch deren positive Möglichkeit der Orientierung kennen.

Wie Zusammenleben funktioniert – Absprachen, Regeln, Rituale

Im Gliederungsabschnitt **Familienregeln – ohne Regeln geht es nicht** werden Aspekte aus dem Abschnitt **Familie – eine starke Gemeinschaft** hinsichtlich des Regelsystems nochmals vertieft. Der zweite Gliederungsabschnitt **Schulregeln damals und heute** nimmt sich der Frage an, welche Regeln für das Funktionieren des Schullebens notwendig sind. Ein dritter Abschnitt hebt mit **Regeln für die Diskussion** einen besonderen Gesichtspunkt schulischen Zusammenlebens hervor. Der Abschnitt **Ein Leitfaden für das Zusammenleben: die Goldene Regel** befasst sich mit der Goldenen Regel als einer der bekanntesten Grundsätze des Zusammenlebens.

Anregungen zum Einstieg

Mit den Angeboten im Lehrbuch »Von den Stachelschweinen« ⇒ **LB, S. 101**, den Bildern zu Regeln ⇒ **LB, S. 102** sowie »Regeln überall« ⇒ **LB, S. 103** wird ein guter Einstieg in den Bereich Regeln im Alltag gelegt. Weil Absprachen, Regeln und Rituale im Zentrum der Betrachtung in diesem Unterrichtsabschnitt stehen, werden diese Begriffe auch zu Beginn dieses Abschnitts ⇒ **LB, S. 101** erläutert, auch wenn sie nochmals im Glossar angeführt werden.

Methode: Erkennungsspiel *M 26*

1. Benötigt werden für das Spiel ein Overheadprojektor, Folienstifte und eine Zeitschaltuhr. Es werden jeweils Gruppen von sechs Schülern gebildet, die als Team zusammenarbeiten. Der Spielleiter schreibt jeweils einen Begriff oder eine Aussage auf eine Karteikarte.
2. Der Spielverlauf wird wie folgt organisiert: Die Gruppe wählt einen Zeichner aus, der zu den vom Spielleiter vorgegebenen Begriffen oder Aussagen eine Skizze auf die Folie des Overheadprojektors zeichnet. Die Gruppe muss erraten, um welchen Begriff oder welche Aussage es sich handelt. Ist ein Begriff durch die Gruppe gefunden, zeigt der Spielleiter dem Zeichner eine neue Karteikarte, die dieser wiederum als Skizze zeichnet. Gewonnen hat die Gruppe, die in der zuvor vereinbarten Ratezeit die meisten Begriffe oder Aussagen gefunden hat.

Regeln überall ⇒ **LB, S. 103**
Als Einstieg lässt sich die Bearbeitung der Regeln mit einem Erkennungsspiel ⇒ **M 26** verbinden. Der Spielleiter schreibt jeweils eine Regel aus dem Lehrbuch auf. Es können aber auch noch weitere Regeln mit aufgenommen werden. Das weitere Vorgehen wird wie in ⇒ **M 26** erläutert durchgeführt.

Haben drei mehr Rechte als einer? ⇒ **AH, S. 38**
Der amerikanische Philosoph Gareth B. Matthews hat sich zu der Frage, ob man Regeln überhaupt braucht, eine witzige Geschichte ausgedacht. Anhand von neun vorgegebenen Regeln haben die Schüler zu entscheiden, nach welcher Regel offensichtlich gehandelt wurde. Mögliche Antworten zu der Geschichte werden auf der letzten Seite des Arbeitsheftes gegeben ⇒ **AH, S. 64**.

Familienleben – ohne Regeln geht es nicht

Was gut ist, was nervt ⇒ **LB, S. 104**
In vier Interviewbeiträgen äußern sich Familienmitglieder über Absprachen in ihren Familien. Es wird deutlich, dass es mit der Umsetzung der Regelungen in ihren Familien nicht klappt. Die Schüler werden aufgefordert, in Kleingruppen einen Familienrat abzuhalten, um eine Verbesserungen dieser Situation zu erreichen. Der Familienrat kann analog des Vorgehens im Lehrbuch »Der Familienrat: Verhandeln statt streiten« ⇒ **LB, S. 82** erfolgen. Außerdem sind Regeln herauszuschreiben, die in den Interviews zum Ausdruck kommen:

(L)

Ritual gemeinsames Essen, Verständnis für Bedürfnisse anderer Familienmitglieder, Erfüllung von Pflichten, Abmachungen über Arbeitsteilung

Hintergrundwissen: Familienrituale
Rituale helfen Familienmitgliedern, das Leben zu ordnen und dem Alltag Struktur zu geben. Rituale sind sozusagen Antriebswellen für ein harmonisches Miteinander in der Familie. Sie vermitteln ein Gefühl von Sicherheit und Geborgenheit.
- Feste und Feiern sind Haltepunkte im Leben und geben Orientierung. Die Zeit wird so durch persönliche und familiäre Ereignisse zum individuellen Kalender einer Familie.
- Rituale schreiben teilweise vor, wie sich Eltern und Kinder in außergewöhnlichen Situationen oder bei besonderen Ereignissen zu verhalten haben. Das erleichtert das Zusammenleben, weil Verhaltensvorgaben und Aufgabenverteilung nicht immer neu ausgehandelt werden müssen. Familienrituale laufen nach dem gleichen Muster ab; so weiß jeder, was auf ihn zukommt.
- Rituale sind Ausdruck des Kulturlebens in der Familie, denn jede Familie zelebriert Kultur und Tradition anders.
- Im Ritual werden gemeinsam die Vorbereitungen getroffen, gemeinsam wird gesungen, gegessen und gefeiert. Rituale stärken daher das Zusammengehörigkeitsgefühl der Familie.
- Feste und Rituale sind der praktische Vollzug der Werte und Einstellungen in einer Familie. Sie sind ein bewusstes Bekenntnis zur Familientradition und zur Weitergabe dieser Werte an die nächste Generation.

(Nach: Lorelies Singerhoff: Rituale, Sinn, Halt & Kraft für die Seele. Verlagsgruppe Weltbild GmbH, Augsburg 2006, S. 174f.)

Aus Gewohnheiten Kraft schöpfen – Familienrituale ⇒ **LB, S. 107**
Zur Einführung in das Thema Rituale lässt sich der Text von Antoine de Saint-Exupéry, »Es muss feste Bräuche geben« siehe unten einsetzen. Im Text geht es vor allem um die Einstimmung und die Freude auf Bräuche, die im Leben der Menschen – auch zeitlich – fest verankert sind.

Mit der Aufgabe 1 werden die Schüler aufgefordert, Rituale aus ihrem Familienleben anzuführen. Das könnten unter anderem sein: Rituale als Festtagsgebrauch (Geburtstage, Fasching, Ostern, Weihnachten, Erntedank, Jahresende u. a.); Rituale im Alltag der Familie (Gemeinsam essen, Morgenritual, Fernsehen bestimmter Sendungen, Rituale zum Tagesausklang, Versöhnungsrituale, Vorbereitung Wochenende u. a.)

Beim Schreiben einer Kurzgeschichte, wie es in der 3. Aufgabe angeregt wird, sind die Hinweise der Methode Texte fortführen und verfassen ⇒ **M 23** zu berücksichtigen.

Es muss feste Bräuche geben (Z)
»Es wäre besser gewesen, du wärst zur selben Stunde wiedergekommen«, sagte der Fuchs. »Wenn du zum Beispiel um vier Uhr nachmittags kommst, kann ich um drei Uhr anfangen, glücklich zu sein. Je mehr die Zeit vergeht, umso glücklicher werde ich mich fühlen. Um vier Uhr werde ich mich schon aufregen und beunruhigen; ich werde erfahren, wie teuer das Glück ist. Wenn du aber irgendwann kommst, kann ich nie wissen, wann mein Herz da sein soll [...] Es muss feste Bräuche geben.«

»Was heißt fester Brauch?« sagte der kleine Prinz.

»Auch etwas in Vergessenheit Geratenes«, sagte der Fuchs. »Es ist das, was einen Tag vom andern unterscheidet, eine Stunde von den anderen Stunden. Es gibt zum Beispiel einen Brauch bei meinen Jägern. Sie tanzen am Donnerstag mit den Mädchen des Dorfes. Daher ist Donnerstag der wunderbare Tag.«

(Antoine de Saint-Exupéry: Der kleine Prinz, Verlag Volk und Welt, Berlin 1981, S. 68.)

Schulregeln damals und heute

Zur Arbeit mit dem Lehrbuch

Schule damals ⇒ **LB, S. 108/109**
Anhand von Fotos ⇒ **M 6** der Schule damals ⇒ **LB, S. 108** und einer Erzählung aus dem Alltag einer Volksschule ⇒ **LB, S. 109** werden den Schülern zahlreiche Informationen über den damaligen Schulalltag vermittelt. Die Vorschläge für Interviews ⇒ **M 19** mit älteren Menschen ⇒ **LB, S. 108** und ein Rollenspiel ⇒ **M 3**, das zum Nachspielen einer Schulszene des Jahres 1890 auffordert, bieten interessante Möglichkeiten zur Annäherung der Schüler an dieses Thema.

Als ergänzendes Unterrichtsmaterial wird ein Blick in die Zukunft der Schule angeboten ⇒ **KV 19**.

Die Schule im Jahre 2157 ⇒ **KV 19**
Weil Gegenwärtiges oft leichter über einen Vergleich mit Vergangenem und Zukünftigem erschlossen werden kann, bietet es sich an, einen Blick in die Zukunft zu werfen. Dieser fantasievolle Entwurf einer Schule von morgen soll die Schüler anregen, sich in die Zukunft zu versetzen und aus diesem Blickwinkel heraus über ihre Schule zu reflektieren. Angeregt wird zudem noch ein szenisches Spiel ⇒ **M 21**, das über einen Besuch im Jahre 2157 handelt. Möglich wäre es, das Rollenspiel zur Darstellung der Schulszene von 1890 ⇒ **LB, S. 109** und das soeben angebotene Szenische Spiel ⇒ **KV 19** vergleichend einzusetzen.

Schulregeln heute ⇒ **LB, S. 110**/Stundenplan ⇒ LB, **S. 111**
Anhand der Erschließung von Fotos ⇒ **M6** zu Schulregeln, der Erarbeitung eines Aufsatzes ⇒ **M 23** zum Thema »Regeln an meiner Traumschule« und der Realisierung eines Projekts zur Herstellung einer Broschüre zu den Regeln an der Schule werden die Schüler vielfältig mit der Thematik vertraut gemacht. Zusätzlich wird noch ein Planspiel ⇒ **KV 27** angeboten, mit dem die Vorstellungen der Schüler zur Regelproblematik weiter differenziert werden.
Ein »Assoziationsspiel: Klassengemeinschaft« und die »Gestaltung eines Wappens« ⇒ **LBB, S. 41f.** erweitern die Möglichkeiten des Lehrbuchs zum Nachdenken über den Schulalltag. Bei der Erschließung der Karikatur »Tollhaus Schule« ⇒ **LB, S. 111** sind die Hinweise der Arbeit mit Karikaturen ⇒ **M 10** zu beachten.

Zusätzliche Anregungen

Methode: Planspiel *M 27*

Bei einem Planspiel wird eine gedachte Situation auf ein Ziel hin durchgespielt. Wie auch beim Rollenspiel müssen die Spieler bestimmte soziale Rollen übernehmen und im Rahmen festgelegter Regeln handeln. Im Unterschied zum Rollenspiel, bei dem sich die Spieler in der Regel mit einer bestimmten Person identifizieren, z. B. mit der Rolle des Vaters, der Rolle eines Lehrers etc., repräsentiert die Rolle im Planspiel nicht in erster Linie eine Person, sondern bestimmte Positionen wie etwa die eines Expertenteams. Natürlich sind auch diese Rollen immer an Personen gebunden. Hier wird aber nicht primär die Person mit ihrer Meinung oder ihrer Befindlichkeit durch die Rolle ausgedrückt, sondern die Position einer bestimmten Gruppe oder Interessengemeinschaft.

1. Die Vorbereitungsphase
In ihr gibt der Lehrer eine Einführung zum Planspiel: Welche Rollen sind vorgesehen? Welche Gruppen treten in Erscheinung? Wie ist der Ablauf des Spiels geplant? Worin besteht der Zusammenhang von Planspiel und Unterrichtsabschnitt? Im Anschluss an die Einführung werden Spielgruppen gebildet und Rollen verteilt, die zur Realisierung des Planspiels erforderlich sind.
2. Die Spielphase
Zunächst diskutieren die Gruppenmitglieder in einer Meinungs- und Willensbildungsphase ihre Rollensituation. Die sich anschließende Interaktionsphase ist der Hauptteil des Planspiels. In ihr bearbeiten die Gruppen die Arbeitsaufträge, nehmen Verbindungen zu anderen Gruppen auf und klären am Ende dieser Arbeitsphase die Gruppenposition. Durch die Gruppensprecher werden in der abschließenden Anwendungsphase Positionen, Argumente und Lösungsvorschläge vorgetragen. In dieser Phase soll der Kompromiss gesucht bzw. die Entscheidung getroffen werden.
3. Die Reflexionsphase
Sie dient zur Einordnung des Planspiels in die übergreifende Zielstellung des Unterrichtsabschnittes. Hier ist es wichtig, dass der Transfer des Spiels in die Wirklichkeit gelingt.

Eine Schule zum Wohlfühlen ⇒ **KV 20**
Das Planspiel lässt sich nach den Vorgaben der Kopiervorlage mit den Schülern bearbeiten. Bei der Durchführung ist darauf zu achten, die drei Schritte (1. Vorbereitungsphase, 2. Spielphase und 3. Reflexionsphase) eines Planspiels einzuhalten.

Assoziationsspiel: Klassengemeinschaft (V)
1. Das Wort »Klassengemeinschaft« wird auf Einzelblätter geschrieben und nebeneinander gelegt. Die Schüler werden aufgefordert, Begriffe zu suchen, die mit einem dieser Buchstaben beginnen und den Wortinhalt betreffen. Diese Wörter werden auf die bereitgelegten Zettel geschrieben und von dem jeweiligen Schüler an sich genommen.
2. Nun wird mit dem ersten Buchstaben »K« begonnen. Wer sich dazu etwas notiert hat, wie z. B. »Konflikte lösen«, liest den Text vor. Wer will, kann noch eine kurze Erklärung abgeben. Dann kommt der nächste Buchstabe an die Reihe, bis das ganze Wort »erklärt« ist.

Gestaltung eines Wappens
Bei diesem Experiment können sich die Schüler darüber unterhalten, wie sie ihre Stellung in der Klasse sehen, wo die Stärken und Schwächen der Klasse liegen und wie sie ihre Beziehung zu ihrem Lehrer erleben.

1. Die Schüler malen ein persönliches Wappen, das sie in sechs Felder unterteilen. Jedes Feld wird nummeriert. In jedes Feld malen sie ein Bild oder ein Symbol, das ausdrückt, was sie über eine bestimmte Frage denken. Betonen Sie ausdrücklich, dass dies kein Malwettbewerb ist, weil viele Schüler die Unbefangenheit verlieren, sich frei im Bild auszudrücken. (V)
2. Die Fragen lauten:
Welches Bild oder Symbol zeigt,
- wie du dich selbst in der Klasse siehst?
- wie deine Klassenkameraden dich sehen?
- worin du den größten Vorzug dieser Klasse siehst?
- worin du die größte Schwäche dieser Klasse siehst?
- wie die Lehrerin/der Lehrer dich sieht?
- wie du die Lehrerin/den Lehrer siehst?

3. Alle Schüler hängen ihre Bilder an die Wand, betrachten sie gemeinsam und erklären, was ihnen wichtig ist.

(Nach: Klaus W. Vopel: Interaktionsspiele für Jugendliche. Teil 1, Iskopress, Salzhausen 1994, Nr. 46.)

Regeln für die Diskussion

Zur Arbeit mit dem Lehrbuch

Rollenspiel ⇒ **LB, S. 112**
Ergänzend zu den Hinweisen im Lehrbuch zum Rollenspiel wird auf die Erläuterung zum Rollenspiel ⇒ **M 3** in diesem Buch verwiesen.

Die Klasse diskutiert ein Ausflugsziel ⇒ **LB, S. 113**
Die Aufgabenstellung regt die Schüler dazu an, bei Diskussionen bestimmte Qualitätsstandards einzuhalten. Neben den hier angeführten Merkmalen zur Beurteilung von Diskussionsbeiträgen lassen sich auch die Regeln des Zuhörens und des Sich-Äußerns ⇒ **KV 21** mit heranziehen.

Zusätzliche Anregungen

Regeln des Zuhörens und des Sich-Äußerns ⇒ **KV 21**
Nur wenn die Schüler Grundregeln des Sprachverkehrs im Unterricht beherrschen, sind sie in der Lage, sich fundiert am ethischen Meinungsbildungsprozess zu beteiligen. Noch zu oft wird eine Gesprächskultur praktiziert, bei der sich die Partner mehr mit dem Widerlegen ihrer Argumente beschäftigen, anstatt damit, die Gedanken des anderen zu verstehen. Gerade im *Werte und Normen*-Unterricht benötigen wir eine Haltung, die den Schüler davon ausgehen lässt, dass an den Gedanken seiner Partner irgendetwas immer bedenkenswert und damit aufgreifbar ist. Die als Kopiervorlage dargestellten Regeln des Zuhörens und des Sich-Äußerns könnten als Hilfestellung für eine erfolgreiche Kommunikation im Unterricht dienen. Sie sollten aber mit den Schülern besprochen werden, um eine Auswahl der für sie notwendigen und brauchbaren Aspekte zu vereinbaren.

Im Einheitslook zur Schule ⇒ **KV 22**
Als Vorschlag für ein Thema zum Diskutieren wird im Lehrbuch ⇒ **LB, S. 113** unter anderem genannt: »In unserer Schule sollte eine Schuluniform eingeführt werden«. Mit der Kopiervorlage ⇒ **KV 22** »Im Einheitslook zur Schule« wird die Bearbeitung dieser Problematik anhand einer Pro-und-Kontra-Dikussion ⇒ **M 11** vorgeschlagen.

Ein Leitfaden für das Zusammenleben: die Goldene Regel

Zunächst wird die Existenz der Goldenen Regel in verschiedenen Religionen und Kulturen ⇒ **LB, S. 115** vorgestellt. Mit den Kurzerzählungen »Ein Gespräch über die Goldene Regel« ⇒ **LB, S. 116** und »Beste Geschichte meines Lebens!« ⇒ **LB, S. 117** werden Alltagssituationen zur Diskussion gestellt, in denen die Goldene Regel eine Rolle spielt. Das vorgeschlagene methodische Vorgehen bedarf keiner Ergänzung.

Zusätzliche Anregungen

Die Goldene Regel ⇒ **AH, S. 39**
Es werden drei Alltagssituationen vorgestellt. Sie entsprechen den biografischen Erfahrungen der Altersgruppe elf- bzw. zwölfjähriger Schüler. Von den Schülern ist die Goldene Regel auf diese Fälle anzuwenden. Die Erarbeitung dieser Seite des Arbeitsheftes könnte in Verbindung mit der Erläuterung der Goldenen Regel ⇒ **LB, S. 115** erfolgen.

Wie du mir, so ich dir ⇒ **KV 23**
Nachdem die Schüler die Kopiervorlage bearbeitet haben, kann vorgelesen werden, wie eine Philosophin diese Situation einschätzt. Als methodische Variante bietet es sich an, von den Schülern zunächst die Aufgabe 1 bearbeiten zu lassen, dann den Text von Kristina Calvert vorzulesen und anschließend durch die Schüler Situationen aufschreiben zu lassen, in denen sich die Goldene Regel nicht anwenden lässt (Aufgabe 2).

Haben alle Menschen die gleichen Wünsche? (Z)
Nach der goldenen Regel war es doch wohl völlig in Ordnung, dass das Töchterchen, das nicht wünschte, dass der Vater seine Bücher verschenkt, dafür die Bücher des Vaters verschenkte. Hätte der Vater doch bloß die goldene Regel gekannt, dann müsste er sich nun kein neues Lexikon kaufen. Aber wie kommt es, dass wir so ein komisches Gefühl bei der Sache haben? Ist die goldene Regel die Lösung für alle Situationen, in denen wir uns fragen: »Was soll ich bloß tun?«

So gut sich die goldene Regel auch anhört, sie hat wie die meisten Dinge auch eine nicht so gute Seite. In der goldenen Regel wird so getan, als hätten alle Menschen immer die gleichen Wünsche und Ziele, aber ist das auch so? Vielleicht möchtest du mit dem Spielzeug deiner Freundin spielen. aber möchte sie das auch? Möchtest du immer alle Bonbons mit deinen Freunden teilen? Oder möchtest du dein Haus mit allen Menschen teilen, die gern darin wohnen würden.

Die Lösung für dieses Problem mag sein, dass die Wünsche des einen und die des anderen gleichermaßen beachtet werden müssen. Aber was passiert, wenn beide Wünsche sich widersprechen?

(Kristina Calvert: Können Steine glücklich sein? Rowohlt Taschenbuch Verlag, Reinbek bei Hamburg 2004, S. 32ff. – gekürzt.)

Die Zehn Gebote ⇒ **AH, S. 40**
Es bietet sich an, im Zusammenhang mit der Erarbeitung der Goldenen Regel auch die Zehn Gebote zu besprechen. Obwohl diese bereits vor ungefähr 3 300 Jahren entstanden sind, haben sie bis heute nichts von ihrer Aktualität eingebüßt. Die Grundidee der zehn Gebote, das friedliche Zusammenleben der Menschen zu gewährleisten, ist zeitlos, auch wenn das eine oder andere Gebot heutzutage überholt klingen mag.

Mit der Seite des Arbeitheftes erhalten die Schüler die Aufforderung, vorgegebenen positiven Formulierungen der Zehn Gebote den jeweiligen Geboten zuzuordnen und eine Rangfolge dieser vorzunehmen. Das Anfertigen eine Karikatur oder eines Symbols zu einem Gebot und der Versuch, ein Gebot pantomimisch darzustellen, erweitern die Möglichkeiten der Arbeit mit den Zehn Geboten.

Vorurteilen auf der Spur

Im ersten Gliederungsabschnitt **Über Vorurteile und Klischees** werden Grundaussagen zu dieser Problematik vorgestellt. So wird der Zusammenhang von Wahrnehmung und Erkenntnis sichtbar gemacht sowie die Existenz gängiger Vorurteile angesprochen. Im zweiten Abschnitt **Mobbing in der Schule** erfolgt eine Auseinandersetzung dieser verbreiteten Form der Diskriminierung. Der letzte Gliederungsabschnitt **Vorurteile besiegen: Offenheit und Toleranz** spricht Möglichkeiten eines toleranten Miteinanders an.

Einführend werden zunächst Fragen angesprochen, wie Wahrnehmung funktioniert und welche Eigenschaften unser Wahrnehmungssystem bestimmen. Als Grundgedanke erwerben die Schüler die Erkenntnis, dass unsere Wahrnehmung subjektiv und selektiv ist.

Hintergrundwissen: Wahrnehmung
Wahrnehmung kann und muss geübt werden. Wahrnehmungskompetenz umfasst die Fähigkeit zur differenzierten Boabachtung der natürlichen und sozialen Umwelt ebenso wie das Vermögen zum Erfassen von Stimmungen und Erleben von Atmosphären. Sie wird begleitet von der Fähigkeit, Beobachtungen adäquat zu artikulieren und Stimmungen so zu beschreiben, dass sie für andere kenntlich werden. Einige wichtige Eigenschaften von Wahrnehmung:
- wird beeinflusst von der Individualität, den Gewohnheiten und Erfahrungen und damit auch von den kulturellen Gegebenheiten;
- wird beeinflusst vom zufälligen Kontext;
- ist konstruktiv und auf der Suche nach Form und Sinn;
- ist doppelt selektiv: Das Wahrnehmbare wird nicht vollständig wahrgenommen und es gibt Reize, für die wir keinen Sinn haben, der sie wahrnehmen könnte.

(Georg Schöffel; Wahrnehmung als Thema. In: Ethik & Unterricht, 3/2006, S. 16 u. 19. – Auszug.)

Innere und äußere Wahrnehmung
Bevor, wie im Lehrbuch ⇒ **LB, S. 118** vorgeschlagen, Täuschungen der Wahrnehmung behandelt werden, sollte zunächst darauf eingegangen werden, wie Wahrnehmung überhaupt funktioniert: Die ersten Bilder von der Welt gewinnen die Menschen über die Sinnesorgane, indem sie Eindrücke aus ihrer Umgebung aufnehmen. Der englische Philosoph John Locke hat dieses Gewahrwerden in zwei große Gruppen eingeteilt.

(Z)

äußere Wahrnehmung das, was in deiner Umwelt geschieht	**innere Wahrnehmung** das, was in dir selbst vor sich geht
• Gegenstände, z. B. Fahrrad • Menschen, z. B. Freunde • Naturerscheinungen, z. B. Regenbogen • ?	• Gefühle, z. B. Freude • Erlebnisse, z. B. Erröten • ?

Die Welt wahrnehmen ⇒ **KV 24**
Im ersten Teil der Kopiervorlage »Innere und äußere Wahrnehmung« ist durch Ankreuzen von sieben Situationen eine Zuordnung von innerer und äußerer Wahrnehmung vorzunehmen. Für die innere und äußere Wahrnehmung sollen sich die Schüler jeweils ein eigenes Beispiel ausdenken.

Der zweite Teil »Genau hinsehen« befasst sich mit den Schwierigkeiten der Wahrnehmung in einem Gewirr von Linien. Hier ist das genaue Sehen gefordert. In den Linien haben sich fünf Tiere versteckt: Hase, (L)

Elefant, Schildkröte, Kamel und Känguru. Tipp: Wenn man die Seite verkehrt herum hält, lassen sich die Tiere besser erkennen.

Täuschungen unserer Wahrnehmung ⇒ **LB, S. 118**
Im Lehrbuch werden mehrere optische Täuschungen angeboten. So das bekannte Kippbild, auf dem sowohl eine alte als auch eine junge Frau zu sehen ist. Hier spielt das Vorwissen eine große Rolle. Man sieht nur, was man weiß. Wenn der Wahrnehmende beide möglichen Sichtweisen kennen gelernt hat, kann er sich aktiv entscheiden, welche er jeweils einnimmt.
Im Internet werden zahlreiche weitere optische Täuschungen unter folgender Adresse angeboten:
http://www.michaelbach.de

Teste dein Sehvermögen ⇒ **AH, S. 44**
Die Seite des Arbeitsheftes enthält weitere Übungen, mit denen die Wahrnehmungsfähigkeit einer Überprüfung unterzogen werden kann. Das Lösungswort für die obere Bildleiste lautet EMOTION.

Zusätzliche Anregungen

Selektive Wahrnehmung
Möglich wäre es, an dieser Stelle auf die selektive Wahrnehmung einzugehen, weil das für das Verständnis der nachfolgenden Unterrichtsarbeit förderlich ist. So ist die Wahrnehmung immer auch vom Betrachter und seinem »Weltbild« abhängig. In Abhängigkeit von der kulturellen Prägung des Betrachters werden bestimmte Informationen herausgefiltert. Das berühmte Beispiel von Max Horkheimer, »Die Polizisten«, ist hierfür ein guter Beleg.

Hintergrundwissen: Selektive Wahrnehmung
Aus der Fülle der Informationen wählt der Erwachsene teils bewusst, teils unbewusst aus, und zwar oft solche, die ihm wichtig oder sympathisch sind und die sein bisheriges Weltbild bestätigen (interessegeleitete Erkenntnis).

(Siebert, Horst: Didaktisches Handeln in der Erwachsenenbildung. Neuwied 2003. Zit. nach: Ethik & Unterricht, 3/2006, S. 23.)

(Z) **Max Horkheimer: Die Polizisten**
Eine der berühmtesten Untersuchungen über das Gerücht ist in Amerika von Gordon Allport gemacht worden, und zwar im Auftrag der Polizei. Allport hat die Polizisten, die er belehren sollte, in einer Art Amphitheater versammelt; dort konnten sie alle ein Bild sehen, auf dem ein Polizist einen Neger ermordet. Draußen warteten ungefähr zwanzig Polizisten. Einer davon wurde herangeholt; ihm wurde das Bild gezeigt. Er schaute es an, machte sich mit allen Einzelheiten vertraut und drehte sich dann mit dem Rücken zu diesem Bild gegen seine Kollegen, die im Amphitheater saßen. Und dann sagte man ihm: So, jetzt werden wir einen anderen hereinführen, und du erzählst ihm, was das Bild darstellt.

Der andere wurde hereingeführt, durfte aber das Bild nicht sehen und bekam vom ersten erzählt, was auf dem Bild war. Dann wurde der erste gebeten abzutreten, und der zweite, der nun mit dem Rücken zum Bild stand und das Bild gar nicht gesehen hatte, gebeten, einem dritten zu erzählen, was auf dem Bild war. Interessant waren die Änderungen, die da vorgingen. Als der zwölfte auf diese Weise an die Reihe kam, hatte bereits der Neger den Polizisten ermordet. Damit entsprach das Produkt der Überlieferung den gewohnten Vorstellungen der Polizei, die mit dem Mörder immer als Gegner zu tun hat, nie ihn in den eigenen Reihen vermutet. Diese Mentalität hatte durch selektives Wahrnehmen und Weitergeben den geschilderten Vorgang umgewandelt.

(Horkheimer, Max: Persönlichkeit und Vorurteil. Vortrag 1958. Zit. nach: Ethik & Unterricht, 3/2006, S. 25.)

1. Zunächst sollte der Text vorgelesen werden bis: »[…] hatte bereits der Neger den Polizisten ermordet.« An dieser Stelle könnten folgende Aufgaben gestellt werden: (V)
1. Wie erklärt ihr euch, dass das Opfer im Verlauf der Übermittlung der Wahrnehmung (Beschreibung des Fotos) zum Täter wurde?
2. Kennt ihr Beispiele, bei denen es durch selektive Wahrnehmung im Zuge der Informationsweitergabe zu ähnlichen Ergebnissen gekommen ist? Erzählt davon.

Ein Experiment: Der Druck der Gruppe ⇒ **AH, S. 45**
Wahrnehmung ist auch durch Gruppendruck beeinflussbar. Untersuchungen haben ergeben, dass sich die Mehrzahl aller Versuchspersonen am Ende einer offenbar falschen Längeneinschätzung anschließt, wenn die in den Versuch eingeweihten Gruppenmitglieder, wie vorher verabredet, übereinstimmend sagen, dass zum Beispiel die Linien X und A längengleich seien.

Über Vorurteile und Klischees

Zur Arbeit mit dem Lehrbuch

Hintergrundwissen: Vorurteil
[Vorurteile] verletzen das Gebot, über andere Menschen nur auf der Basis eines möglichst sicheren und

geprüften Wissens zu urteilen. Vorurteile verletzen [dieses Gebot] durch vorschnelles Urteilen ohne genaue Kenntnis des Sachverhalts [...], durch starres, dogmatisches Festhalten an Fehlurteilen, indem Gegenargumente nicht anerkannt werden, und durch falsche Verallgemeinerungen, die von Einzelfällen auf allgemeine Gültigkeit schließen.

(Werner Bergmann: Was sind Vorurteile? In: Information zur politischen Bildung Nr. 271/2001.)

Fotos/Vorurteile über Gruppen von Menschen ⇒ **LB, S. 119**
Mit der Seite des Lehrbuchs wird an die zuvor erarbeitete optische Täuschung und an die selektive Wahrnehmung angeknüpft, nun aber der Blick dafür sensibilisiert, dass Menschen manchmal über andere ohne ausreichende Begründung schlecht denken und zu negativen Meinungen über diese gelangen. Die folgenden Seiten des Lehrbuchs enthalten zahlreiche Anregungen, wie diese Problematik den Schülern nahe gebracht werden kann. Die Aufgabe 3 auf dieser Seite widmet sich hinsichtlich der Vorurteile der Geschlechterproblematik. Es wird vorgeschlagen, diese Thematik noch ausführlicher zu betrachten.

Vorurteilen auf der Spur ⇒ **AH, S. 46**
Die Seite des Arbeitsheftes kann unmittelbar mit der Realisierung der Aufgaben 2 – 4 des Lehrbuchs ⇒ **LB, S. 119** verbunden werden.

Zusätzliche Anregungen

Klischees über Jungen und Mädchen ⇒ **KV 25**
Oft werden Mädchen und Jungen in sehr enge Vorstellungen gepresst, wie sie sich in ihrer Geschlechterrolle zu verhalten haben. Eine solche Festlegung auf genau vorgegebene Rollenklischees kann für die Bewältigung des weiteren Lebensweges hemmend sein. Die Kopiervorlage enthält ein Gedicht von Altersgefährten. Ausgehend von der Aufgabe 3 im Lehrbuch ⇒ **LB, S. 119** sollen die Schüler zusammenstellen, was für Mädchen und Jungen typisch ist.

(A)
1. Schreibt selbst ein Gedicht über euer eigenes Geschlecht.
2. Ihr könnt das Gedicht auch mit kleinen Zeichnungen versehen.

Verhaltensweisen bestimmen
Die Schüler sollen Verhaltensweisen feststellen, die sie an sich schätzen. In der Auswertung wird besprochen, inwieweit es »typisch männliche« und »typisch weibliche« Einstellungen gibt.

1. Versuche zu jedem Buchstaben deines Vornamens eine für dich als Junge bzw. Mädchen typische Verhaltensweise zu finden, z. B. MICHAEL (musisch, individualistisch, chaotisch, hilfsbereit, aktiv, energisch, lustig) oder BARBARA (beständig, aktiv, rührig, bereit sich einzusetzen, aggressiv, rege, anspruchsvoll).
2. Vergleicht eure Vorstellungen. Welche Verhaltensweisen wählen Mädchen, welche Jungen? Gibt es »typisch weibliche« und »typisch männliche« Einstellungen?

Methode: Gedankenexperiment **M 28**

Zum Gedankenexperiment gehört immer eine Basis. Sie besteht aus einer oder mehreren Annahmen, und zwar aus solchen, die nicht nur fiktiv, sondern sogar irreal und kontrafaktisch sind. Trotz ihres irrealen Charakters müssen sie jedoch denkbar sein. Solche hypothetischen Prämissen stellen die Versuchsanordnung des Gedankenexperiments dar.
Eine *irreale Annahme* kann eingeleitet werden mit Formulierungen wie:
• Angenommen man könnte ... .
• Gehen wir einmal davon aus, dass ... .
• Wenn X nun die Eigenschaften c, d und e hätte, ...
Kontrafaktische Annahmen sind beispielsweise:
• Stell dir vor, du könntest dein Leben von vorne anfangen.
• Gehen wir einmal davon aus, es gäbe eine Pille, die irdische Unsterblichkeit verleiht.
• Nehmen wir an, wir könnten uns unsichtbar machen.
Es lassen sich verschiedene Arten von Gedankenexperimenten unterscheiden:
1. Die fiktive Analogie: Außerirdische besuchen die Erde und betrachten die Menschen als Objekte, die wissenschaftlich untersucht werden, mit allem, was dazugehört, bis hin zur Vivisektion.
2. Die fiktive Nichtung: Angenommen, es gäbe im Haus, in der Stadt, im Land keine elektrischen Geräte mehr: Wie würde man leben? Stell dir vor, einen Monat lang wären alle Fernseher, Videogeräte und Spielcomputer verschwunden: Wie sähe dein Leben, das deiner Familie, das deiner Freunde aus?
3. Die experimentelle Umkehrung: Nehmen wir an, es verhielte sich gerade umgekehrt, als man gewöhnlich glaubt, und es sei richtig, Kranke ins Gefängnis zu stecken und Kriminelle in Krankenhäuser. Ließen sich dafür gute Argumente finden?
4. Die kontrafaktische Subtraktion von Fähigkeiten: Stell dir vor, du hättest die Freiheit verloren, etwas zu verschweigen, und müsstest immer die Wahrheit sagen! Wie würdest du das empfinden?
5. Der Perspektivwechsel/der fremde Blick: Nehmen wir an, ihr könntet die Art, wie wir leben (wie bei uns unterrichtet wird, wie wir mit Tieren umgehen, wie wir unsere Freizeit gestalten) mit fremden Augen

sehen, z. B. mit den »Augen« eines Außerirdischen, eines Kindes der Zukunft, eines Tiers, eines in Armut lebenden Menschen. Was würde euch auffallen?

(Helmut Engels: Überlegungen zum Gedankenexperiment im Unterricht. In: Ethik & Unterricht, 3/2001, S. 11. – stark gekürzt.)

Gedankenexperiment: Experimentelle Umkehrung ⇒ **KV 26**
Die Übung der Kopiervorlage fordert die Schüler dazu auf, aus der Perspektive anderer deren Lebensgewohnheiten zu beurteilen. Mit dieser Vorgehensweise wird Distanz zu eigenen Meinungen und Überzeugungen entwickelt sowie die Fähigkeit angebahnt, sich in die Gefühls- und Gedankenwelt anderer Menschen hineinversetzen zu können. Konkret geht es in dieser Aufgabe um das Hineinversetzen in die Vorstellung, eines Morgens als Mitglied des anderen Geschlechts aufzuwachen.

Der Fantasie möglicher Gedankenexperimente sind kaum Grenzen gesetzt. So könnten die Schüler beispielsweise darüber nachdenken, welche Folgen zu erwarten wären, wenn Männer Kinder bekämen.

Oder sie sollen sich vorstellen, als Ausländerkind eines Tages in eure Klasse zu kommen.

(A) Folgende Fragen könnten dabei eine Rolle spielen:
- Was würde das für dich bedeuten?
- Was würdest du denken?
- Was würdest du tun?
- Wie würden deine Klassenkameraden reagieren?
- Wie würde das Leben für dich aussehen?

Vorurteile – gegenüber Ausländern ⇒ **AH, S. 47**
Zu einem Foto eines Ausländerkindes ist eine Geschichte zu schreiben ⇒ **M 23**. Die Realisierung dieser Aufgabenstellung könnte im Zusammenhang mit der Erarbeitung der Problemstellung »Die Hartnäckigkeit von Vorurteilen« ⇒ **LB, S. 121** erfolgen. Bei der Erschließung der Karikatur ⇒ **LB, S. 121** sind die Hinweise der Arbeit mit Karikaturen ⇒ **M 10** zu berücksichtigen.

Mobbing in der Schule

Zur Arbeit mit dem Lehrbuch

Einführend werden in knapper Form die wesentlichsten Merkmale des Mobbings erklärt ⇒ **LB, S. 122**. Es sei daran erinnert, dass Mobbinghandlungen bereits an anderer Stelle des Lehrbuchs aufgegriffen worden sind, ohne dass sie dort als solche begrifflich erklärt wurden. Das betrifft die Lehrbuchseite ⇒ **LB, S. 64**, bei der es um das Problem einer gewaltfreien Schule geht und die Lehrbuchseite ⇒ **LB, S. 70**, auf der sich mit den Ängsten eines Schülers auseinandergesetzt wird. Bei Bedarf kann auf diese Sachverhalte hier nochmals eingegangen werden. Unter dem Blickwinkel »Wenn die Umgebung wegschaut ...« werden Mobbingfälle im Lehrbuch nochmals aufgegriffen ⇒ **LB, S. 125**.

Tim weiß nicht weiter ⇒ **LB, S. 122**
Die Geschichte um Tim eignet sich für eine aktive Auseinandersetzung der Schüler mit dieser Form der Diskriminierung. Die angebotenen Aufgabenstellungen und das Rollenspiel ⇒ **M 3** wurden inhaltsadäquat ausgewählt und ermöglichen die Aufarbeitung von Mobbingerlebnissen.
Mit den folgenden vier zusätzlichen Anregungen, »Problemdiskussion Mobbing, Mobbing im Umkleideraum, Rollenspiel Mobbing« und »Grundsätze für eine Schule ohne Mobbing« lassen sich weitere Reaktions- und Handlungsmöglichkeiten ansprechen, mit denen solche Diskriminierungen überwunden werden können.

Zusätzliche Anregungen

Problemdiskussion Mobbing
Die Problemdiskussion eignet sich zur Ergänzung der Aufgabe 2 im Lehrbuch ⇒ **LB, S. 122**. Im Unterschied zum dortigen Vorgehen wird eine anonyme Befragung vorgeschlagen. Durch diese Vorgehensweise sollen auch Schüler zu Wort kommen, die vielleicht Opfer solcher Attacken sind und die aus Angst und Scham solche Sachverhalte nicht ansprechen.

Spielen solche Fälle wie soeben mit der Geschichte »Tim weiß nicht weiter« ⇒ **LB, S. 122** in eurer Klasse eine Rolle? Die Antworten werden, damit sie anonym bleiben, in Druckschrift oder mit dem Computer aufgeschrieben. Im Unterricht werden die Zettel eingesammelt und vom Lehrer vorgelesen. Anschließend werden die Fälle in der Klasse diskutiert. Beantworte zu Hause zwei Fragen: (A)
1. Bist du bereits Opfer solcher Vorkommnisse gewesen (Beispiele)?
2. Hast du selbst gegen andere so gehandelt (Beispiele)?

Mobbing im Klassenraum ⇒ **AH, S. 24**
Für sich genommen sind manche Mobbinghandlungen eher harmlos. Die erdrückende Gewalt entwickeln solche Vorkommnisse erst, wenn sie systematisch über einen längeren Zeitraum ausgeübt werden. Andere Mobbinghandlungen sind schon für sich eine massiver Angriff auf die persönliche Würde. Das Arbeitblatt enthält drei Abschnitte: 1. Im Klassenraum (Beschreibung der Situation), Fragen z. B.: Was emp-

findet der abseits stehende Junge? Was denken vermutlich die anderen Schüler? 2. Was könnte der Junge tun, um sich zu wehren? (Entwicklung von Handlungsmöglichkeiten). 3. Wie könnte die Szene weitergehen? (Perspektiven bzw. Alternativen, die sich aus der Situation ergeben).

Rollenspiel Mobbing ⇒ **M 3**
Im Zentrum der Rollenspiele sollten konkrete Mobbingsituationen stehen. Solche Mobbingsituationen können sich beispielsweise aus der anonymen Befragung ergeben. Auch die Situation »Mobbing im Klassenraum« kann als Ausgangspunkt dienen. Die Handlungsmöglichkeiten (s. u.) sollten in Kleingruppen vorbereitet werden. Was könnte die Situation positiv, was negativ beeinflussen?

(V) Die Mobbingsituation kann anhand folgender Varianten nachgespielt werden:
- Konfrontation, Kampf
- Innere Resignation, Rückzug
- Gekonnte verbale Reaktion
- Einschaltung einer dritten Person (Schülervertretung, Vertrauenslehrer u. a.)

Bei der Auswertung sollte überlegt werden, wovon Handlungsalternativen abhängen, wie der Erfolg der einzelnen Reaktionsweisen einzuschätzen ist und was jeweils als ein »Erfolg« zu werten wäre?

(Nach: Günther Gugel: Mobbing. Themenblätter im Unterricht. Nr. 16. Bundeszentrale für politische Bildung (Hrsg.), Bonn 2002, S. 4.)

Fünf Grundsätze für eine Schule ohne Mobbing
Abschließend sollten die Schüler eine Art »Anti-Mobbing-Konvention« erarbeiten. Möglich wäre es, entsprechende Vorschläge zunächst in Gruppen zu erarbeiten, um dann die Einzelergebnisse in einen Gesamtvorschlag zusammenzufassen. Insbesondere die »Charta der Max-Eyth-Realschule« ⇒ **LB, S. 64** kann als Impuls für die Erarbeitung einer »Anti-Mobbing-Konvention« dienen.

(A) Formuliert fünf Grundsätze, die für eine Schule ohne Mobbing wichtig sind, z. B.: 1. Wir achten in Wort und Tat die Würde unserer Mitmenschen. ...

Vorurteile besiegen: Offenheit und Toleranz

Zur Arbeit mit dem Lehrbuch

Rezept gegen Vorurteile ⇒ **LB, S. 123**
Die originellen Vorschläge amerikanischer Kinder sollten die Schüler motivieren, eigene Rezepte gegen Vorurteile zu entwickeln. Dieser Arbeitsschritt sollte als Ideenbörse verstanden werden, der zu möglichst ungewöhnlichen Lösungsansätzen aufruft. Nur wenn die Schüler eigene Vorschläge einbringen können, besteht eine Chance zur Überwindung möglicher Vorurteile. Auch die sich anschließende Aufgabe zum Kennen lernen der Herkunftsländer ausländischer Mitschüler eignet sich zum Abbau von Vorurteilen. Ausdrücklich möchte ich dazu ermutigen, wie im Lehrbuch vorgeschlagen, gemeinsam mit den Schülern landestypische Gerichte zu kochen. Das wäre ein weiterer Baustein für Offenheit und Toleranz.
Zur Ergänzung für diesen Arbeitsschritt werden die Kopiervorlage »Bausteine für Toleranz« ⇒ **KV 27** und die Seite des Arbeitsblattes »In die Schuhe des anderen schlüpfen« ⇒ **AH, S. 51** angeboten.

Bausteine für Toleranz ⇒ **KV 27** (L)
Es könnten sinngemäß folgende Schülerantworten als richtig eingeschätzt werden:
1. Nachdenken statt mitlaufen!
Viele verzichten aus Trägheit und Bequemlichkeit auf das eigene Nachdenken und die eigene Meinung. Warum soll man in der Clique mit der eigenen Meinung anecken?
2. In die Schuhe des anderen schlüpfen!
Nicht vorschnell über andere urteilen, sondern sich in das Denken, in die Gefühle und die Ängste anderer hinein versetzen.
3. Miteinander statt übereinander sprechen!
Anstatt über andere zu sprechen, sollte der Kontakt zu ihnen gesucht werden, um evtl. Missverständnisse auszuräumen.

In die Schuhe des anderen schlüpfen ⇒ **AH, S. 51**
Beschrieben werden soll der Wochenablauf eines Mitschülers, indem versucht wird, sich in dessen Lebensumstände hinein zu versetzen.

Wenn die Umgebung wegschaut ... ⇒ **LB, S. 125**
Es wird das Problem angesprochen, wie sich durch Wegschauen und Gruppenzwang Mobbingsituationen oft zuspitzen und für die Betroffenen unerträglich werden. Damit werden gegenüber der Behandlung von Mobbing im Lehrbuch ⇒ **LB, S. 122** neue Aspekte in die Auseinandersetzung eingebracht. Mit den vorgeschlagenen Aufgaben und der Übung lässt sich der neue Akzent des Mobbings gut bearbeiten. Die zusätzlichen Angebote beziehen sich auf den Gruppenzwang.

Zusätzliche Anregungen

Wer hat das Sagen in der Clique? (Z)
Manchmal wird jemand dazu gedrängt, etwas zu tun, was er ohne die Gruppe nicht getan hätte. An-

stelle der freien Entscheidung tritt dann der Gruppenzwang. Wie kann man sich in einer Gruppe behaupten, wenn Meinungsdruck ausgeübt wird, der einem nicht passt. Das sollt ihr anhand einiger Konfliktsituationen erproben:
• Ein Gruppe Jugendlicher stürmt in ein Zugabteil und benimmt sich wie die Axt im Walde: Abteilinsassen werden angepöbelt, Zigaretten im Nichtraucherabteil angesteckt und die Schuhe auf die Sitze gelegt.
• Eine Klassenclique will einen Lehrer, der so seine Schwierigkeiten mit der Klasse hat, in der nächsten Stunde »fertig machen«.
• Eine Clique plant, eine Gruppe ausländischer Jugendlicher aus dem Bereich des Spielplatzes zu verdrängen, wo man sich regelmäßig trifft.
• Eine Clique legt auf ein gemeinsames »Outfit« wert, damit man die Zugehörigkeit auch äußerlich erkennt.
• Eine Clique verweigert jemandem die Mitgliedschaft, weil dieser jemand angeblich nicht zur Clique passen würde.

Führt Rollenspiele ⇒ **M 3** in folgender Aufteilung
(A) durch:
• Vier bis sechs Schüler, die die Mehrheitsmeinung vertreten
• Ein bis zwei Schüler, die gegen die Mehrheitsmeinung argumentieren.
• Eine kleine Beobachtergruppe (zwei bis drei Schüler), die nach dem Rollenspiel ihre Eindrücke wiedergibt und ein Gespräch über das Rollenspiel anregt.

(Nach: Bundeszentrale für politische Bildung (Hg.): Zeitlupe Nr. 33 »Vorurteile«. Bonn 1996. S. 5.)

Wie ist es, wenn man ausgeschlossen wird? Texte verfassen ⇒ **M 23**
(A)
Stellt euch eine Situation vor, in der eine Person ausgeschlossen wird. Denkt daran, wie ihr euch fühlen würdet, wenn ihr aus einer Gruppe oder von einer Aktivität ausgeschlossen würdet. Ihr könnt eure Geschichte so beginnen: Eine Person überlegt, sich einer Gruppe anzuschließen oder bei einer Aktivität mitzumachen. Beschreibt, was dann passiert: Wie kommt es zur Zurückweisung? Wer es möchte, kann seine Geschichte der Klasse vorlesen und zur Diskussion stellen.

(Nach: Dianne Schilling: Miteinander klarkommen. Verlag an der Ruhr, Mülheim an der Ruhr 2000, S. 85.)

Verantwortung für das eigene Umfeld

Zunächst werden im Abschnitt **»Ich bin ich« – der Mensch in verschiedenen Rollen** die unterschiedlichen Rollen eines Schülers zur Diskussion gestellt. Der Abschnitt **Verantwortung in der Schule** widmet sich Konflikten, die sich aus der Übernahme von Verantwortung ergeben können. Im Abschnitt **Verantwortung gegenüber älteren Menschen** wird das angemessene Verhalten gegenüber der älteren Generation thematisiert.

»Ich bin ich« – der Mensch in verschiedenen Rollen

Im Rahmen der Einführung ins 3. Kapitel »Menschen, die mir nahe sind« wurde bereits auf die Rollenproblematik eingegangen. Es wurde der Rollenbegriff ⇒ **LBB S. 31** eingeführt und eine Übung vorgeschlagen, mit der die Schüler typische Verhaltenweisen der sie betreffenden Rollen erarbeiten sollten. Daran kann bei der Erschließung unterschiedlicher Rollen angeknüpft werden.

Zusätzliche Anregungen

Rollen in meinem Leben ⇒ **KV 28**
Die Kopiervorlage unterstützt das Vorgehen im Lehrbuch ⇒ **LB, S. 127/128**. Zunächst notieren sich die Schüler die wichtigsten Rollen, die sie derzeit innehaben. Danach schreiben sie die Anforderungen und Erwartungen auf, die mit diesen Rollen verbunden sind.

Karikatur: Jungen und Mädchen ⇒ **LB, S. 128**
Bei der Erschließung sind die Hinweise zur Arbeit mit Karikaturen ⇒ **M 10** zu beachten. Zur Rollencharakteristik von Mädchen und Jungen kann die Seite des Arbeitsheftes ⇒ **AH, S. 50** mit herangezogen werden.

Unvollständige Sätze: Geschlechterrollen ⇒ **AH, S. 50**
Ohne lange zu überlegen, sollen die Schüler die Sätze zu Ende schreiben. Um ein breites Meinungsspektrum zu erhalten, wird jeder Satz von drei Schülern vorgelesen.

Verantwortung in der Schule

Im Kapitel »Wie Zusammenleben funktioniert« wurden im Unterabschnitt »Schulregeln damals und heute« ⇒ **LB, S. 108ff.** und ⇒ **LBB, S. 40f.** bereits Themen zur Schule behandelt. Hier wird der besondere Aspekt der Verantwortungsübernahme aufgegriffen.

Zusätzliche Anregungen

Wie ich mir einen Klassensprecher wünsche ⇒ **AH, S. 43**
Die Seite des Arbeitsheftes ergänzt den Text im Lehrbuch »Der neue Klassensprecher« ⇒ **LB, S. 129**. Zu vorgegebenen Merkmalen eines Klassensprechers sind Punkte zu vergeben. In der Auswertung ist eine Rangfolge der wichtigsten Merkmale zu ermitteln.

Die Klasse als Gemeinschaft ⇒ **AH, S. 42**
Die Seite des Arbeitsheftes lässt sich auch im Schwerpunkt »Schulregeln damals und heute« ⇒ **LB, S. 108ff.** einsetzen. Zu 15 Situationen der eigenen Schulklasse sind Bewertungen vorzunehmen, mit denen eine qualitative Einschätzung ihres gegenwärtigen Zustandes möglich wird.

Verantwortung gegenüber älteren Menschen

Zur Arbeit mit dem Lehrbuch

Hintergrundwissen: Alt ist nicht gleich alt
Wer von alten und älteren Menschen spricht, muss sich bewusst sein, dass es sich dabei heute um eine gesellschaftliche Großgruppe handelt, die mindestens zwei Generationen umfasst. Dieser zahlenmäßig immer größer werdende Bevölkerungsanteil zerfällt in zahlreiche Segmente [...] mit sehr unterschiedlichen Merkmalen. Den einen Pol bilden aktive Frührentner, den anderen pflegebedürftige Hochbetagte. Die lange Spanne des dritten und vierten Lebensalters macht begriffliche Differenzierungen [...] notwendig. [...] Der Wiener Soziologe Leopold Rosenmayr hat folgende, auch von der WHO verwendete, Einteilung vorgeschlagen:
- ältere Menschen (60–75 Jahre),
- Alte (75–90 Jahre),
- Hochbetagte (über 90 Jahre),
- Langlebige (100 und mehr Jahre).

(Mathias Brauchbar/Heinz Heer: Zukunft Alter. Herausforderung und Chance. Hamburg 1995, S. 27.)

Alter ⇒ **LB, S. 130**
Wie im Lehrbuch vorgeschlagen, wird zu Beginn des Unterrichtsabschnitts ein Brainstorming ⇒ **M 13** durchgeführt. Möglich wäre es, die Einteilung der Begriffe zum Alter in positive und negative noch durch das Kriterium weiß nicht zu ergänzen.

Alter ⇒ **LB, S. 130**, Projekt Befragung ⇒ **M 19**
Interessant wäre es, wenn zusätzlich zu den Vorgaben des Lehrbuchs, von den Schülern recherchiert werden könnte, ab welchem Lebensalter jemand als alt gilt. Dieser Teil der Befragung wäre an unterschiedlichen Altersgruppen vorzunehmen.

Kleine Umfrage (Z)

Alter der befragten Person	Bis zu welchem Alter ist ein Mensch »jung«?	Ab welchem Alter ist ein Mensch »alt«?
10	22	32
12	20	60
17	35	40
27	40	76
39	35	65
43	29	75
65	30	70

(Nach: Franziska Schönball. Wochenschau Nr. 2/2006, S. 48.)

Der alte Großvater und der Enkel ⇒ **LB, S. 131**
Zunächst sollte das Märchen der Gebrüder Grimm nach den Vorschlägen im Lehrbuch besprochen werden. Es bietet sich aber an, die Schüler selbst ein modernes Märchen schreiben zu lassen. Bevor die Schüler mit ihren Schreibversuchen ⇒ **M 8** beginnen, wird die Idee herausgearbeitet, die dieses Märchen enthält. Im Kern geht es dabei um die auch im Alltag festzustellende Tatsache, dass ältere Menschen von jüngern oft als nutzlos betrachtet werden.

Lass dich durch »Der alte Großvater und der Enkel« anregen, ein modernes Märchen zu schreiben, das in der heutigen Zeit spielt. Du kannst dein Märchen beliebig ausgestalten. Wichtig ist nur, dass du mit deinem Märchen die Idee der Gebrüder Grimm zum Ausdruck bringst. (A)

5. Kapitel: Welt, Natur und Mensch

Das Kapitel geht den Zusammenhängen nach, die zwischen Mensch, Natur und Welt bestehen. Dabei wird zunächst der Blick für die Welt als Universum geschärft, um dann die Fragen nach dem Ursprung der Welt, wie sie zu allen Zeiten und in allen Kulturen und Religionen gestellt wurden, anhand historisch überlieferter Geschichten und Erklärungsmodelle sowie wissenschaftlich begründeter Erklärungen zu beantworten. Die Verletzlichkeit unserer Welt wird unter dem Aspekt der Bewahrung der natürlichen Lebensgrundlagen betrachtet.

Die Welt – was ist das?

Der Gliederungsabschnitt **Die Welt – was ist das?** hat einführenden Charakter in das Kapitel fünf. Im Unterpunkt **Die Welt ist unsere Erde** wird sich auf unseren Planeten bezogen, während im zweiten Unterpunkt **Welt als Universum oder Kosmos** die Welt umfassend als Weltall skizziert wird. Der letzte Unterpunkt **Meine Welt – deine Welt** führt die Schüler auf die Ebene ihrer Lebenswelt.

Die Welt ist unsere Erde

Gagarin-Lied ⇒ **LB, S. 133**
Das Gagarin-Lied ermöglicht einen motivierenden Einstieg in die Thematik des 5. Kapitels. Zur Ergänzung werden der Text »Der rätselhafte Planet« und die Kopiervorlage ⇒ **KV 29** »Die Welt als unsere Erde« angeboten.

(Z) **Der rätselhafte Planet**
»Hast du gewusst, das gerade ein geheimnisvoller Planet entdeckt worden ist, auf dem einige Millionen intelligente Wesen wohnen, die auf zwei Beinen durch die Gegend laufen und ihren Planeten durch ein paar lebendige Linsen betrachten?« Ich musste zugeben, dass mir das neu war. »Dieser kleine Planet wird durch ein kompliziertes Netz von Bahnen zusammengehalten, auf denen diese cleveren Kerlchen pausenlos in bunten Wagen herumkutschieren.«

»Stimmt das wirklich?«

»Yes Sir! Das rätselhafte Gewürm auf dem Planeten hat sogar riesige Gebäude mit über hundert Stockwerken errichtet. Und darunter – da haben sie lange Tunnel gegraben, in denen sie in elektrischen Apparaten herumsausen können, die sich auf Schienen bewegen.«

»Bist du ganz sicher?«, fragte ich.

»Ganz sicher, ja.«

«Aber ... warum hab ich dann noch nie von diesem Planeten gehört?«

»Nun ja«, sagte Vater. »Zum einen ist er erst vor sehr kurzer Zeit entdeckt worden. Und zum anderen fürchte ich, dass ihn außer mir noch niemand kennt.« »Wo liegt er denn?«

(Jostein Gardner: Der rätselhafte Planet. In: Das Kartengeheimnis, Carl Hanser Verlag, München 1992.)

1. Erklärt, was mit den entsprechenden Textstellen zur Erklärung des Planeten gemeint ist. Um welchen Planeten handelt es sich? (A)
2. Stellt euch vor, ihr befindet euch am gleichen Standort wie der Betrachter des Planeten aus dem Text. Wie würdest du den Planeten beschreiben?

Die Welt als unsere Erde ⇒ **KV 29**
Zur »Welt als unsere Erde« sollen die Schüler ein Begriffsnetz entwickeln. Zudem sind drei Fragen zu stellen, die ihnen beim Denken an die Welt durch den Kopf gehen.

Welt als Universum oder Kosmos

Hintergrundinformationen: Universum oder Kosmos
Das Wort Kosmos oder Universum meint von der Sache her das Gleiche wie Universum, will aber deutlich machen, dass dieses Universum nicht einfach eine chaotische Ansammlung von Himmelskörpern oder sonstigem Material ist, sondern ein bewundernswertes, klar geordnetes, sehr genau in sich abgestimmtes Ganzes, das wir als Menschen bestaunen und ehrfurchtsvoll zur Kenntnis nehmen sollten.

Vieles, was Wissenschaftler bis heute im Hinblick auf das Universum herausgefunden haben, stimmt mit dieser Vorstellung von einem in sich abgestimmten und zusammenhängenden System überein. Auch wenn wir noch längst nicht alles wissen, sind diese »Abstimmungen« bewundernswert. Einige dieser Abstimmungen (hier vereinfacht dargestellt) sind für uns Menschen von entscheidender Bedeutung:

1. Im Inneren der Sonne herrscht aufgrund ihrer

Masse ein enormer Druck, der die Kernfusion (Verschmelzung von Wasserstoffkernen zu einem Heliumkern) ermöglicht. Der Masseverlust, der mit der Kernfusion verbunden ist, wird durch die Energieabstrahlung (Wärme und Licht) ausgeglichen. Dieses »Gleichgewicht« besteht für ca. zehn Milliarden Jahre.

2. Die Wärme und das Licht, welche die Sonne abstrahlt und die das Leben auf der Erde erst ermöglicht, entsteht durch Kernfusion im Inneren der Sonne. Würde sich an diesem Prozess etwas ändern, wäre ein Leben auf der Erde nicht möglich.

3. Nur der gegebene Abstand unserer Erde zur Sonne (ca. 150 Millionen Kilometer) ermöglicht jene Form und Fülle von Leben, die wir kennen – unser menschliches Leben eingeschlossen.

4. Die »richtige« Größe unserer Erde und der »passende« heiße Kern bilden eine »Einheit«, wodurch die Erde einerseits warm gehalten, sie andererseits aber nicht gasförmig ist.

Zur Arbeit mit dem Lehrbuch

Ein Bild unseres Sonnensystems ⇒ **LB, S. 134**
Anliegen ist es, dass die Schüler eine Ahnung von der unvorstellbaren Größe unseres Sonnensystems und der einzelnen Planten bekommen. Beim Nachstellen des Sonnensystems auf einem geeigneten Platz bekommen die Schüler eine Vorstellung von den Entfernungen.

Im Zusammenhang mit der Arbeit am Planetenmodell könnte der Planeten-Merksatz vorgestellt werden, wobei der Merkur den geringsten, der Pluto den größten Abstand zur Sonne hat.

MEIN	**VATER**	**ERKLÄRT**	**MIR**	**JEDEN**
E	E	R	A	U
R	N	D	R	P
K	U	E	S	I
U	S			T
R				E
				R

SONNTAG	**UNSERE**	**NEUN**	**PLANETEN**
A	R	E	L
T	A	P	U
U	N	T	T
R	U	U	O
N	S	N	

Zusätzliche Anregungen

Begriffe zum Weltall ⇒ **AH, S. 52**
Es werden Begriffe erklärt, die im Zusammenhang mit dem Abschnitt »Welt als Universum oder Kosmos« eine Rolle spielen. Die Schüler sollen zu jedem Begriff eine Frage stellen, die sie anschließend anhand von Nachschlagewerken oder dem Internet beantworten sollen. Es geht bei der Beschäftigung mit dieser Problematik darum, dass die Sicht der Schüler auf die »Welt« differenzierter wird. Die Aufgabe eignet sich auch für Partner- oder Gruppenarbeit.

Mein Lieblingsplanet – Gedankenexperiment ⇒ **M 28**
Anhand eines Gedankenexperiments vertiefen die Schüler ihre Vorstellungen über unsere Welt. Folgende Aufgabe könnte gestellt werden:

Stell dir vor, du könntest mit einer Rakete die Erde verlassen und einen fremden Planeten besuchen. Es ist dein Lieblingsplanet, den du besuchst. Was macht ihn zu deinem Lieblingsplanet? Schreibe deine Gedanken in Form eines Steckbriefes dazu auf. (A)

Meine Welt – deine Welt

Meine Lebenswelt ⇒ **LB, S. 135**
Um Zusammenhänge von Welt und Mensch sichtbar zu machen, empfiehlt es sich, die Textseite mit den entsprechenden Aufgabenstellungen aufzugreifen. Es verdeutlicht das komplexe Gefüge zwischen dem menschlichen Leben und der Welt.
Mit der Aufgabe in Form einer Erkundung ⇒ **M 7** werden die Schüler angehalten, ihre Lebenswelt zu erkunden und als Dokumentation zusammen zu stellen.

Die Welt als Universum oder Kosmos ⇒ **KV 30**
Durch ein Begriffsnetz sollen die Schüler erläutern, was zum Universum dazugehört. Zusätzlich ist die Reihenfolge der Planeten nach ihrer Entfernung zur Sonne zu ordnen.

Menschen in ihrer Welt: Neue und alte Weltbilder

Im ersten Unterpunkt **Naturwissenschaftliche Erklärungen** werden naturwissenschaftliche Erklärungsansätze zur Entstehung der Welt erläutert. Der Abschnitt **Mythische Weltbilder** stellt Bilder und Erzählungen zu grundlegenden Lebensfragen der Menschen vor, wie sie in Mythen enthalten sind. Berichte und Erzählungen vom Ursprung der Welt werden auch in den verschiedenen Religionen dieser Welt überliefert und im Abschnitt **Religionen erklären die Welt** vorgestellt. Letztlich soll sichtbar werden, dass unsere Kenntnisse über Welt und Mensch zu einem erheblichen Umfang aus Einsichten bestehen, die die Menschheit in einigen Jahrtausenden gewonnen hat.

Naturwissenschaftliche Erklärungen

Hintergrundinformation: Weltbilder
Mit Weltbildern wird gleichsam eine »Brille« konstruiert, mit der die Welt und die Gesellschaft gesehen und bewertet werden.
1. Weltbilder entlasten bei der Orientierungssuche, indem sie ein überschaubares Weltverständnis anbieten. Sie tragen zur Gruppenzugehörigkeit bei und dienen als Erkennungszeichen.
2. Manchmal vereinfachen oder verfälschen sie die Sicht auf die Außenwelt. Erfahrungen und Wahrnehmungen bestätigen dann lediglich das bestehende Weltbild.
3. Damit solche Einseitigkeiten vermieden werden, müssen Weltbilder kritisiert und relativiert werden. Allerdings muss ein Weltbild auch verlässlich sein, d. h. die zugrunde liegenden Werte dürfen nicht beständig in Frage gestellt werden.

Zur Arbeit mit dem Lehrbuch

Urknall und Evolution: Ein Wissenschaftler erzählt ⇒ **LB, S. 138**
Das fiktive Interview zwischen einem Redakteur, einer Schülerzeitung und einem Wissenschaftler ermöglicht eine fundierte Auseinandersetzung mit Aspekten der Urknalltheorie. Es ist aber auch klar, dass Schüler dieser Alterstufe aufgrund fehlender naturwissenschaftlicher Kenntnisse Schwierigkeiten beim Verstehen dieser Problematik haben werden. Trotzdem sollte es gelingen, auch weil der Text sehr gut geschrieben ist, die wesentlichen Erkenntnisse mit den Schülern schrittweise zu erarbeiten. Von Vorteil dürfte es auch sein, dass zuvor die Dimensionen des Universums ⇒ **LB, S. 134f.** erarbeitet wurden. Zu erinnern ist auch an die Hintergrundinformation: Universum oder Kosmos ⇒ **LBB, S. 50f.** Möglich ist es auch, den rechten Teil der Seite »Schöpfung oder Entwicklung?« im Arbeitsheft ⇒ **AH, S. 56** einzusetzen.

Ein Blick auf die Uhr – das Leben unserer Erde ⇒ **LB, S. 139**
Die Zeitleiste vermittelt einen Eindruck über die kaum fassbaren Zeitabläufe, die mit dem Leben unserer Erde verbunden sind. Zusätzlich lässt sich das Gedankenexperiment »Anfang und Ende« verwenden.

Anfang und Ende – Gedankenexperiment ⇒ **M 28**
Die Schüler erfinden eine Geschichte, die beschreibt, wie die Welt entstand bzw. wie sie einmal untergehen wird. Das kann am Beispiel unserer Erde oder für einen imaginären Planeten geschehen.

Ⓐ
1. Beschreibe, welche Mächte oder Kräfte den Anfang der Welt bewirkt haben und welches Ziel sie damit verfolgen. Wie ist nach der Entstehung der Urzustand der Welt? Wie sieht das Leben aus? Gibt es den Menschen schon?
2. Wie kommt es dann zum Untergang der Welt? Spielen Mächte, übermenschliche Kräfte oder wir Menschen selbst eine Rolle? Liegt dem Weltuntergang irgendein Sinn zugrunde? Wenn ja: welcher? Was geschieht mit den Menschen? Wie wird es weitergehen? Deute einige Perspektiven an.

(Nach: Miriam Ehrlich, Klaus W. Vopel: Wege des Staunens. Teil 1. Kreatives, Iskopress, Salzhausen 1996, S. 29.)

Hintergrundinformation: Die Evolution des Lebens: Mensch und Tier ⇒ LB, S. 139
Im Jahr 1869 erschein von Charles Robert Darwin (1809–1882) das Buch »Die Entstehung der Arten durch natürliche Zuchtwahl«, in denen er die auf einer früheren Forschungsreise gemachten Beobachtungen von Tier- und Pflanzenarten, Fossilien usw. auswertete. Auf den Galapagos-Inseln hatte er entdeckt, dass sich verwandte Tiere (z. B. Schildkröten, Vögel) von Insel zu Insel in Merkmalen ihres Körperbaus, v. a. bei den Werkzeugen zur Nahrungsaufnahme, unterschieden. Das war der Anlass zu seiner bahnbrechenden Theorie, die Entstehung der Arten erfolge durch Auslese: Im Kampf um das Überleben setzen sich diejenigen Tiere durch, die durch natürliche körperliche Besonderheiten besonders gut in der Lage sind, sich Nahrung zu verschaffen und fortzupflanzen – wobei sie ihre Eigenschaften dann weitergeben (Evolution). Die damalige Naturwissenschaft vertrat dagegen die Vorstellung, dass nach Naturkatastrophen die Tier- und Pflanzenarten jede für sich wieder von einem Schöpfergott erschaffen wurden; lebendige Arten seien die, die nach der Sintflut übrig geblieben waren. [Text des Autors]

Evolution als Angriff auf das Weltbild der Theologie
Was an der Evolutionstheorie so schwer zu akzeptieren ist, ist nicht nur unsere Verwandtschaft mit den Affen, obwohl das eine erhebliche Kränkung der Eigenliebe darstellt. Aber hinzukommt, dass man sich einen subjektlosen Prozess, der nicht geplant ist und kein Ziel hat, aber dennoch nicht chaotisch und unordentlich ist, schlechterdings nicht vorstellen kann. [...]
Darwins Idee von einem Prozess, der ohne Planer auskam, weil er sich selbst steuerte, ruinierte deshalb die letzte Hoffnung der Theologen. Die Idee eines sinnvollen Weltplans und eines Ziels der Na-

turgeschichte erwies sich als überflüssig. Auch der Mensch verwandelte sich aus der Krone der Schöpfung in ein Übergangsstadium voller Mängel und Unvollkommenheiten, ein Produkt der Umstände und des Zufalls, ein besserer Affe im Vergleich zu dem Übermenschen, der noch kommen konnte.
In Wirklichkeit reproduzierte sich das Leben ohne Planer durch Sex. Die beiden Planer hießen Chaos und Ordnung.

(Dietrich Schwanitz: Bildung. Alles, was man wissen muss. Goldmann Verlag, München 2002, S. 467f.)

Mythische Weltbilder

Anregungen zum Einstieg

Erschließung von Symbolen
Mythen und Religionen haben eine vielfältige Symbolsprache. Es wird deshalb empfohlen, zunächst allgemein auf die Erschließung von Symbolen einzugehen. Das griechische Wort Symbol heißt wörtlich übersetzt das »Zusammengebundene«. Damit soll ausgedrückt werden, dass verschiedene Bereiche eines Themas in einem einzigen Begriff zusammengefasst sind. Durch die Erschließung eines Symbols kann man sich verborgenen Inhalten und Botschaften annähern. Obwohl Symbole verschiedene Erklärungsmöglichkeiten zulassen, werden sie von Menschen des entsprechenden Kulturkreises sofort in einem bestimmten Sinn verstanden. Symbole sprechen die Gefühle der Menschen an.

Symbole erkennen ⇒ **AH, S. 53**
Es werden die Symbole Baum, Herz, Feuer und Wasser vorgestellt. Die Schüler sollen durch praktisches Handeln (Malen, Zeichnen, Schreiben, Gedankenskizze) angeregt werden, sich den Sinn der Symbole zu erschließen.

Symbol oder Zeichen ⇒ **KV 31**
Von Symbolen sind Zeichen zu unterscheiden. Zeichen weisen nur auf etwas hin. Sie sind in ihrer Aussage eindeutig und wirken nicht auf unsere Gefühle.

(L) Symbole: Yin-Yang, Feuer, Herz, Wasser, Kreuz, Baum
Zeichen: Behinderte, ODS-Netz, Einbahnstraße, Rauchen verboten, Frau und Mann, DRK

In Bildern sprechen: Wie ich die Welt wahrnehme
Die Übung vermittelt die Einsicht, wie über Symbole (Bilder) die Welt wahrgenommen wird und wie darüber ein Austausch mit anderen erfolgt.

1. Auf einem Zeichenblatt fertigt jeder Schüler eine kleine Zeichnung an. Es kommt aber nicht auf die Schönheit der Zeichnung an. Als Grundorientierung für diese Zeichnung wird das Thema »Wie ich die Welt wahrnehme« vereinbart. (V)
2. Ohne dass gesagt wird, was die Zeichnung darstellen soll, wird sie nach rechts weiter gegeben. Auch der linke Nachbar gibt sein Blatt Papier nach rechts weiter.
3. Nun schreiben die Schüler in drei Worten auf, welche Bedeutung das Bild auf dem Zeichenblatt hat. Das Bild wird nun so nach hinten weggeknickt, dass die Wörter zu sehen sind. Dann wird das Blatt Papier wieder nach rechts gegeben.
4. Zu diesen drei Wörtern wird wiederum ein kleines Bild gemalt. Es wird wie beschrieben fort gefahren.
5. Ist das Blatt Papier voll, werden die Blätter an diejenige oder denjenigen zurückgegeben, die bzw. der die erste Zeichnung angefertigt hat. In der Auswertung sprechen die Zeichner über ihren Erstentwurf und die Reaktionen ihrer Mitschüler.

Zur Arbeit mit dem Lehrbuch

Ein altägyptischer Mythos ⇒ **LB, S. 140/141**
Erklärungen zur Interpretation des altägyptischen Mythos:
1. Luftgott Schu (1. Figur von links): Schu, der Vater der Göttin Nut, ist an seinem Straußenfederschmuck erkennbar. Meist wird er dargestellt, wie er Nut und Geb auseinander hält.
2. Symbol der Wiedergeburt (Stab in Schus Händen): Schus Stab ist schlangenförmig. Da Schlangen bei der Häutung gleichsam erneuert aus der alten Haut schlüpfen, wurden sie zum Symbol der Wiedergeburt.
3. Wüstengott (2. Figur von links): Ha, der Herr der westlichen Wüste, trägt einen Stierschwanz. Dieser gehörte zu den königlichen Insignien und symbolisierte Macht und Fruchtbarkeit.
4. Nut, die Mutter aller Sterne (Mitte des Bildes, oben): Nut beugt ihren Körper als Himmelsgewölbe über die Erde. Jede Nacht verschlingt sie die Sonne, um sie am nächsten Morgen wieder zu gebären. Als Mutter der lebenspendenden Sonne galt Nut als Mutter aller. Ihr befahl man die Toten an und versah deshalb Sargdeckel mit ihrem Bild.
5. Re, der Schöpfer des Universums (Mitte des Bildes, unterhalb von Nut, sitzt auf dem Boot des Re): Re trägt die Sonne auf seinem Haupt. Er regiert die Welt bis zum Ende der Zeit. Wenn dann die Schöpfung vergangen ist, wird die Welt wieder von der unendlichen Flut von Nun bedeckt.
6. Maat, Recht und Ordnung (sitzt Re gegenüber): Maat, die Göttin der Weltordnung und des Gerichtswesens, sitzt ihrem Vater Re gegenüber.

7. Anch-Zeichen (Maat hat es in der Hand; zu sehen ist es auch rechts neben dem Wüstengott Ha): Das Anch war das Symbol des Lebens. Wer es besaß, hatte die Macht, seinen Untertanen das Leben zu schenken oder zu nehmen. Das Anch war daher Gottheiten, Königen und Königinnen vorbehalten.
8. Erdgott Geb (Mitte des Bildes, unten, mit angewinkelten Beinen): Geb, die Personifikation der Erde, liegt auf dem Rücken unter seiner Schwester und Gattin Nut, die das Himmelsgewölbe bildet. Die männliche Erde ist eine Eigenart der Ägypter.
9. Wasser der Fruchtbarkeit (Figur rechts neben Erdgott Geb): Die Göttin Nephthys gießt das Wasser der Fruchtbarkeit über die Erde, auf der Menschen das Land bearbeiten.

(Neil Philip: Mythen visuell [übersetzt von Margot Wilhelmi]. Gerstenberg Verlag, Hildesheim 1999, S. 12f.)

Marduk macht sich die Welt aus Tiamat/Ptah erschafft sich die Welt mit seinem Wort ⇒ **AH, S. 54/55**
Vorgestellt wird mit »Marduk macht sich die Welt aus Tiamat« ein babylonischer Mythos. Der ägyptische Mythos »Ptah erschafft sich die Welt mit seinem Wort« ist in Verbindung mit dem Mythos »Ein altägyptisches Weltbild« ⇒ **LB, S. 140/141** zu erschließen. Im Arbeitsheft wird angeregt, den babylonischen mit dem ägyptischen Mythos zu vergleichen. Leitfragen erleichtern den Vergleich.

Hintergrundinformation: Symbol »Baum«
In vielen Kulturen der Menschen spielen Bäume von Anfang bis heute eine wichtige Rolle. Sie faszinieren durch ihre Gestalt und Beständigkeit sowie durch ihren jahreszeitlichen Wechsel bzw. ihren immergrünen Zustand. Der Laubbaum steht mit seinem jahreszeitlichen Wechsel für die ständige Wiedergeburt des Lebens, der immergrüne Nadelbaum für die Unsterblichkeit.

Die Weltenesche Yggdrasil ⇒ **LB, S. 142**
Die Weltenesche Yggdrassil war zentrales Element des germanischen Weltbildes vor gut 3 000 Jahren. Weisheit und Schicksal lagen unter ihren Wurzeln verborgen. Das Schicksal der Menschen war gebunden an ihr Leben. Und der Fall des Baumes bedeutete das Ende der Welt.

Die Erschließung sollte unbedingt im Zusammenhang mit der Zeichnung im Lehrbuch ⇒ **LB, S. 143** erfolgen.

Methode: Texte erschließen ***M 29***
Den Schülern müssen für schwierige Texte Hilfen zur Erschließung angeboten werden. Bewährt hat sich die »Fünf-Schritt-Methode«.
1. Der Text wird überflogen. Die Überschrift, Anfänge der einzelnen Absätze oder Schlüsselbegriffe vermitteln eine erste Vorstellung.
2. Es wird überlegt, worum es in diesem Text geht und auf welche Fragen der Text eine Antwort gibt.
3. Im dritten Schritt erfolgt eine gründliche Analyse des Textes: Wichtige Aussagen (Sinnträger) werden unterstrichen oder herausgeschrieben, unbekannte Begriffe werden geklärt.
4. Für die einzelnen Abschnitte werden Teilüberschriften gebildet, die den Sinn des Geschriebenen in komprimierter Form wiedergeben.
5. Es erfolgt die Zusammenfassung der wichtigsten Informationen des Textes. Das kann in Form eines Vortrags oder Berichts erfolgen.

Bäume ⇒ **KV 32**
Der Text von Hermann Hesse »Bäume« macht die Verbindung zwischen dem Baum als Heiligtum und dem Baum als Symbol für den Menschen deutlich. In dem Text können die Schüler Bekanntes wiederfinden und weiterführende Ideen entdecken.
Es wird vorgeschlagen, den Text anhand der oben vorgestellten Methode ⇒ **M 29** zu erschließen.
Für den 4. Schritt bietet es sich an, sinngemäß folgende Teilüberschriften zu bilden.
1. Abschnitt: *Baum und Welt;*
2. Abschnitt: *Geschichte der Bäume;*
3. Abschnitt: *Geheimnis der Bäume;*
4. Abschnitt: *Einmaligkeit des Baumes;*
5. Abschnitt: *Baum als Vermittler von Sinn.*

Religionen erklären die Welt

Religiöse Erklärungen und Erzählungen zur Entstehung der Welt werden zum »Weltbild der Kreislauf-Religionen« zu »Weltbildern von Stammesreligionen« und zum »Weltbild der ›Ein-Gott-Religionen‹« angeboten. Bei der Erschließung der Texte sind wiederum die angebotenen Zeichnungen mit einzubeziehen. Das betrifft die »Geschichte der Aborigines« ⇒ **LB, S. 149** und die »biblische Schöpfungsgeschichte« ⇒ **LB, S. 151**. Die Texte sind gut ausgewählt und in einer für Schüler dieser Alterstufe verständlichen Sprache geschrieben worden. Bereitet das Erschließen der Texte trotzdem Schwierigkeiten, kann auch die Methode Texte erschließen ⇒ **M 29** zu Hilfe genommen werden.

Zum Abschluss des Gliederungsabschnittes bietet es sich an, die beiden Erklärungsmodelle für die Entstehung der Welt nochmals zu vergleichen. Das kann durch die Seite im Arbeitsheft »Schöpfung oder Entwicklung« ⇒ **AH, S. 56** und durch ein Zusatzangebot zu Meinungsäußerungen Gleichaltriger erfolgen.

Schöpfung oder Entwicklung ⇒ **AH, S. 56**
Das biblische und das wissenschaftliche Erklärungsmodell für die Entstehung der Welt werden in ihren wesentlichen Aussagen vorgestellt. Von den Schülern sind jeweils drei Fragen an die Schöpfung und an die Entwicklung zu stellen. Anschließend sind diese Fragen in der Klasse zu diskutieren. Bei Bedarf lassen sich auch die Positionen von Altersgefährten (siehe (Z)) in die Diskussion mit einbeziehen.

(Z) **Positionen von Altersgefährten**
»Ist mir doch egal, wie die Welt entstand und wie lange es sie noch gibt; für mich selbst ändert das doch nichts.« (René, 11)

»Wenn es stimmt, dass die Entstehung der Erde und unser Leben nur Zufall sind, dann ist ja auch die Bibelgeschichte widerlegt. Aber wie soll ich dann noch glauben, dass wir nicht sinnlos auf der Welt sind?« (Anne, 13)

»Selbst wenn es einen Urknall gab, kann dieser doch nur von Gott kommen. Aber das konnten die Menschen zur Zeit der Bibel doch noch nicht wissen. Ich glaube jedenfalls weiter an Gott.« (Sabine, 12)

»Wenn die Entstehung unserer Erde auf so vielen Zufällen beruht, dann sind woanders ja auch ebensolche Erden möglich, vielleicht auch Menschen. Dass wir dann nichts Besonderes mehr sind, wäre aber irgendwie schade.«(Maximilian, 12)

Natur in unserem Leben

In diesem Gliederungspunkt geht es um die gemeinsame Verantwortung der Menschheit für die Bewahrung der Natur. Im Abschnitt **Bilder von der Natur** werden vorwissenschaftliche und religiöse Vorstellungen der Natur gegenüber gestellt. Der Abschnitt **Tiere und Menschen** befasst sich mit der Frage, wie der Mensch seiner Verantwortung gegenüber den Tieren gerecht wird. Angesichts weltweit zunehmenden Mangels an Süßwasser nimmt sich der Abschnitt **Wasser ist Leben** dieser wichtigen Frage an. Der Abschnitt **Unsere Verantwortung: der Müll** hebt das persönliche Engagement für die Umwelt hervor.

Anregungen zum Einstieg

Natur: Missbrauch und Verantwortung ⇒ **AH, S. 59**
Das Arbeitsblatt kann zur Einführung in den Unterrichtsabschnitt »Natur in unserem Leben« dienen. Die Schüler ordnen den Begriffen Missbrauch, Natur und Verantwortung entsprechende Beispiele zu. Unter Verwendung ausgewählter Begriffe schreiben sie ein modernes Märchen.

(L) Die Zuordnung der Beispiele zu den Oberbegriffen erfolgt wie nachstehend angeführt. Die Reihenfolge ist beliebig.
1. Missbrauch: Versiegelung, Tierquälerei, Überdüngung, Artenvernichtung, Waldsterben, Energieverschwendung, Trinkwasservergeudung;
2. Natur: Mensch, Pflanze, Tier, Luft, Wasser, Boden, Sterne;
3. Verantwortung: Tierschutz, Fahrgemeinschaften, Mülltrennung, Mehrwegflaschen, Wärmedämmung, Windenergie, Recycling.

Tiere und Menschen

Altersgerecht ausgewählte Materialien ⇒ **LB, S. 154** fordern zum praktischen Umgang mit dem Unterrichtsgegenstand auf – so die Aufgaben an die Schüler, ein persönliches Totem-Tier zu zeichnen, einen Steckbrief für ein Wunschtier zu entwerfen, sich den Schluss einer Geschichte auszudenken ⇒ **M 23**, Tipps zum Umgang mit Tieren zu erfinden und im Rollenspiel ⇒ **M 3** den Schluss einer Geschichte vorzuspielen. Ergänzend zum Text »Tierschutz in Deutschland« ⇒ **LB, S. 155** wird der Dialog »Tierschützer in Aktion« ⇒ **KV 33** angeboten.

Tierschützer in Aktion ⇒ **KV 33**
Es geht in diesem Dialog um unterschiedliche Sichtweisen von Tierschützern. Die Schüler erhalten den Auftrag, diesen Dialog fortzuschreiben. Alternativ ist es auch möglich, den Dialog im Rollenspiel ⇒ **M 3** fortzuführen. Mit einer weiteren Aufgabe werden die Schüler aufgefordert, die Stichhaltigkeit der Argumente von Vegetariern einzuschätzen.

Wasser ist Leben

Hintergrundwissen: Das Wasser der Erde ⇒LB, S. 156
Der Mangel an Süßwasser steht auf der Liste der Umweltprobleme, die die Menschheit im 21. Jahrhundert lösen muss, an erster Stelle – noch vor dem Klimawandel, der Zerstörung der Regenwälder und der Überfischung der Ozeane.
Süßwasser steht weltweit nur in Form von »Wassereinzugsgebieten« und nur in einer bestimmten Menge zur Verfügung. Wir haben immer weniger Süßwasser, bedingt durch die Eingriffe des Menschen.
• Durch Abholzen riesiger Waldgebiete,
• durch massive künstliche Bewässerung – vor allem in der Landwirtschaft – wird viel Wasser vergeudet und zum Teil z. B. mit Chemikalien verschmutzt oder werden Flüsse fast ausgetrocknet.

• In einigen reichen Ländern verbrauchen die Menschen große Mengen Wasser, in anderen herrscht große Wassernot. So verbraucht jeder Mensch am Tag in den USA 382 Liter Wasser, und in den so genannten Entwicklungsländern nur rund 25 Liter.
• Die Versiegelung des Bodens durch Industrie, Städte- und Siedlungsbau sowie der Ausbau von Verkehrswegen nimmt immer weiter zu.

Auf einer Informationsseite ⇒ **LB, S. 156** werden die wichtigsten Probleme verbunden mit Wasser auf der Erde sichtbar gemacht. Das globale Problem der Wasserknappheit wird am Beispiel von Wasserträgerinnen aus Afrika ⇒ **LB, S, 157** erläutert und zugleich die Benachteiligung afrikanischer Mädchen und Frauen angesprochen. Mit Untersuchungen zum Wasserverbrauch im Wohnort und der Erarbeitung von Tipps zum Wassersparen ⇒ **LB, S. 158** wird der Abschnitt abgeschlossen. Als ergänzende Vorschläge werden das Arbeitsblatt »Alt wie ein Baum möchte ich werden ...« ⇒ **AH, S. 58** und die Kopiervorlage »Gefährdungen der Natur« ⇒ **KV 34** vorgeschlagen.

Alt wie ein Baum möchte ich werden ... ⇒ **AH, S. 58**
Mit dem Arbeitsblatt wird zum Vergleich zwischen Menschen und Bäume aufgefordert. Ein zu schreibendes Gittergedicht orientiert auf einen »künstlerisch« verdichteten Blick auf die Natur.

Gefährdungen der Natur ⇒ **KV 34**
Die Schüler schreiben zu vorgegeben Bereichen der Natur (Mensch, Tier, Luft, Boden, Wald, Wasser) Beispiele von Gefährdungen auf. Das Schreiben eines Natur-Elfchens soll einen anderen Blick auf die Natur ermöglichen.

Unsere Verantwortung: der Müll

Am Beispiel der Stadt Delmenhorst werden Mülltrennung und Müllvermeidung ⇒ **LB, S. 159** angesprochen. Angeregt durch ein Bild ⇒ **LB, S. 159** werden die Schüler aufgefordert, in Gruppenarbeit über die Möglichkeiten der Müllvermeidung nachzudenken. Zur Einführung bietet es sich an, den Text »Der Zuckerschoten-Moment« (siehe Ⓩ) einzusetzen.

Zum Abschluss des Gliederungsabschnitts bieten sich zwei Zusatzangebote an, die resümierend Sachverhalte aus dem Kapitel »Natur in unserem Leben« zur Sprache bringen. Es handelt sich um das Arbeitsblatt »Spielkarten zum Umweltspiel« ⇒ **AH, S. 57** und um die Kopiervorlage »Alles Natur – ein Rätsel« ⇒ **KV 35**.

Zusätzliche Anregungen

Der Zuckerschoten-Moment Ⓩ
Irgendjemand nannte es mal den Zuckerschoten-Moment: diesen Schub von Schuldgefühlen, der dir sagt, dass es irgendwie schlecht ist, was du gerade tust – zum Beispiel, wenn du mitten im Winter ein Päckchen frische, grüne Zuckerschoten kaufst, das per Luftfracht von einem Acker in Kenia in das Supermarktregal vor dir gebracht worden ist. Doch dieser Moment geht schnell vorbei, wenn dir einfällt, dass du – verdammt! – nur noch eine halbe Stunde Zeit hast, bevor die Schwiegereltern zum Abendessen eintreffen, und bis dahin musst du noch einkaufen, nach Hause hetzen, duschen und etwas Eindrucksvolles auf den Abendbrottisch zaubern. Die Grübelei über Flugzeugabgase, Billiglohnarbeit und Verpackungsmüll kann bis morgen warten. Aber »morgen« kommt niemals.

Jedenfalls kam es bei mir nie. Natürlich, die guten Absichten sind vorhanden, ebenso das Mitgefühl mit den Problemen der Welt. Aber wenn man dafür mit seinen Gewohnheiten brechen oder sie ändern müsste, dann spielen gute Vorsätze nur die zweite Geige. Doch an irgendeinem Punkt [...] suchen wir Antworten auf die großen Fragen: Was stelle ich an mit meinem Leben? Bin ich ein guter Mensch? Was hält mich eigentlich davon ab, den Hintern hochzukriegen und etwas Gutes für die Welt zu tun, egal wie klein es auch sein mag?

(Leo Hickmann: Wie werde ich ein besserer Mensch? In: Greenpeace-Magazin, 1/2006.)

1. Sucht gemeinsam nach Beispielen, wie eure Wünsche und euer Kaufverhalten Umweltschäden mit verursacht. Ⓐ
2. Diskutiert, wie ihr auf die von Leo Hickmann gestellten Fragen antworten würdet.

Spielkarten zum Umweltspiel ⇒ **AH, S. 57**
Angeregt wird ein Umweltspiel, zu dem die Schüler entsprechend der Muster noch Spielkarten anzufertigen haben.

Alles Natur – ein Rätsel ⇒ **KV 35**
Lösungswörter: 1. Windenergie, 2. Wasser, 3. Nutzen, 4. Umweltschutz, 5. Mülltrennung, 6. Lebensraum, 7. Tierschutz, 8. Naturkatastrophe, 9. Konsumieren, 10. Fahrgemeinschaften, 11. Luftverschmutzung.
Das ergibt von oben nach unten gelesen: Naturschutz.

6. Kapitel: Festtage und Feiertage im Leben der Menschen

Jeder Mensch lebt in seiner Kultur. Zu dieser gehören charakteristische Symbole, Feste und Traditionen. Feste und Feiertage dienen unter anderem dazu, sich seiner eigenen kulturellen Herkunft zu vergewissern. Die Schüler erfahren, dass es in Religionen und Kulturkreisen unterschiedliche Festtage und -riten gibt. Eine sachkundige Diskussion über persönliche, die christliche, die jüdische und die islamische Festtradition soll Toleranz und gegenseitiges Verständnis fördern.

Es gibt viel zu feiern im Leben

Der Gliederungsabschnitt **Wie schön, dass du geboren bist** beschäftigt sich mit dem Geburtstag. Aus der Sicht unterschiedlicher kultureller Tradition wird im Abschnitt **Ein neues Jahr beginnt** auf das Neujahrsfest eingegangen. Wie unterschiedlich das Wochenende begangen werden kann, thematisiert der Abschnitt **Wir freuen uns auf das Wochenende**.

Anregungen zum Einstieg

Durch die Beschäftigung mit dem Gedicht »ein fest fängt bei uns selber an« und der Beantwortung der Aufgabe, Feste nach bestimmten Gesichtspunkten zu ordnen, wird durch Angebote des Lehrbuchs ⇒ **LB, S. 161** in das Thema Feste eingeführt.

Zusätzliche Anregungen

Feste im Jahreslauf
Die Einteilung der Feste dient zur Beantwortung der Aufgabe 2 im Lehrbuch ⇒ **LB, S. 161**. Mit den Schülern wird besprochen, dass Feste entweder Einmaligkeitscharakter haben, z. B. Hochzeit, oder von der Wiederholung leben, z. B. Weihnachten. Für unseren Kulturkreis lassen sich die Feste in drei Gruppen einteilen:

1. Feste, die auf das Individuum bezogen sind, wie Geburt, Taufe, Konfirmation/Kommunion, Jugendweihe oder Hochzeit;
2. Feste im Jahreslauf, z. B. im:
   - Schuljahr (Schulfest, Klassenfest oder Sportfest),
   - Naturjahr (Feste im Zusammenhang mit Säen und Ernten, Erntedankfest oder Vogelhochzeit),
   - Kirchenjahr (Adventszeit, Totensonntag; Weihnachten und Ostern) oder
   - Vereinsfeste (Schützenfest, Karneval);
3. Feste zur Erinnerung an politische und historische Ereignisse (Tag der deutschen Einheit, 1. Mai u. a.)

Feste im Jahreskreis ⇒ **AH, S. 62**
Das Arbeitsblatt enthält einen Jahreskreis, in den die Schüler alle Feste eintragen, die sie kennen und die für sie von Bedeutung sind (persönliche, religiöse und politische Feste).

Was zu einem Fest gehört ⇒ **AH, S. 60**
Die Aufgaben im Arbeitblatt regen zur Beachtung unterschiedlicher Anforderungen bei der Durchführung eines Festes an, wie es auch im Lehrbuch ⇒ **LB, S. 161** angesprochen wird.

Feste im Lebenslauf herausfinden ⇒ **KV 36**
Es handelt sich um folgende Feste: Einschulung, Konfirmation, Jugendweihe, Hochzeit, Geburtstag, Namenstag. Die zweite Aufgabe verlangt, eines dieser Feste zu erläutern.

Ein Festtag für Pepe ⇒ **AH, S. 61** (L)
Angeboten wird ein Arbeitsblatt, das aus der Sicht eines Altersgefährten über das Totenfest in Mexiko berichtet.

Wie schön, dass du geboren bist!

Merkmale für gute Geschenke
Im Zusammenhang mit dem Geburtstag kann auch über das Schenken gesprochen werden. Vorgeschlagen wird eine Gruppenarbeit von bis zu vier Schülern, die zusammen auf einem Bogen Papier oder einer Wandzeitung Merkmale für gute Geschenke zusammenstellen. Danach erfolgt die Präsentation der Gruppenergebnisse und das auswertende Gespräch in der Klasse.

An guten Geschenken merke ich: Der andere …	Mein Geschenk ist gut, wenn …
• kennt meine Wünsche • kennt meine Interessen • interessiert sich für mich • beschämt mich nicht • schenkt mir nicht mehr, als ich zurückgeben kann • weiß, was ich brauche • …	• ich die Wünsche der Person kenne • ich anderen eine Freude mache • der andere merkt, dass ich mich für seine Sachen interessiere • ich nicht zu viel schenke • Geben und Nehmen ausgeglichen ist • mein Geschenk nützlich ist

(Nach: Irene Kambas: Feste als Unterrichtsthema. In: Siga Diepold [Hg.]: Die Fundgrube für Feste und Feiern. Cornelsen Scriptor, Berlin 2001, S. 126f.)

Die Religionen feiern Feste

In den Abschnitten **Jüdische Feste** sowie **Islamische Feste** erwerben die Schüler Kenntnisse über Feste und Riten, die für andere Kulturkreise bzw. Religionen bedeutsam sind. Im Gliederungsabschnitt **Christliche Feste** vertiefen die Schüler ihre Kenntnisse über Feste im eigenen Kulturkreis. Die Kenntnisse über den Ablauf von Zeremonien und die Bedeutung der Riten ermöglichen es den Schülern, religiös gebundenen Menschen mit Achtung zu begegnen.

Jüdische Feste

Hintergrundwissen: Judentum
Die älteste Religion ist das Judentum. Sie hat etwa 17 Millionen Anhänger, von denen viele in Israel und den USA leben. Das ist wenig im Vergleich zu den zwei Milliarden Menschen, die sich zum Christentum bekennen. Jude wird man durch die Geburt von einer jüdischen Mutter. Das Judentum ist eine Stammesreligion. Wer eine jüdische Mutter hat, ist Jude, egal was er sagt, tut oder glaubt. Die jüdische Religion sagt: Einmal als Jude geboren, bleibt man immer eine Jude und gehört automatisch zum jüdischen Volk. Er/sie ist Mitglied einer großen Familie, dem Volk Israel. Das Christentum dagegen ist eine offene Religion, jeder kann in sie eintreten, der von diesem Glauben überzeugt ist, oder austreten, wenn er seine Meinung geändert hat.

Unser wichtigstes Fest ⇒ **LB, S. 171**
Weil dem Essen am Seder-Abend eine bestimmte Symbolik innewohnt, bietet es sich an, die Reihenfolge und den Symbolgehalt der Speisen durch einen Erkundungsauftrag ⇒ **M 7** recherchieren zu lassen. Das kann bei einer jüdischen Gemeinde geschehen, oder im Internet erfolgen.

(Z) Am Vorabend des Pessach-Festes findet der Seder-Abend statt, der an die letzte Mahlzeit im ägyptischen Asyl erinnert. Es gibt eine festgelegte Reihenfolge symbolischer Speisen:
- drei Mazzen, ungesäuerte Brotfladen
- vier Becher Kiddusch-Wein, ein nichtalkoholisches Getränk aus Rosinen, mit dem die Freude über die Befreiung ausgedrückt wird
- die »bitteren Kräuter« Meerrettich, Radieschen, Lauch, die an die bittere Zeit der Sklaverei erinnern
- Petersilie (oder Sellerie oder eine Kartoffel), die für die Hoffnung auf den Neubeginn steht
- Charssit, ein Mus aus Äpfeln, Feigen, Walnüssen, Essig oder Wein, Zimt und etwas ungesäuertem Mazza-Mehl, als Symbol für die Sklavenarbeit in Ägypten
- ein hart gekochtes Ei, das symbolisch für Wandelbarkeit, Zerbrechlichkeit und Fruchtbarkeit steht und im Rahmen des Pessach-Festes, das an die Zerstörung des Tempels erinnert, zugleich ein Symbol der Trauer ist
- der geröstete Unterschenkelknochen des Pessach-Lamms, das für die Tempelopfer zum Pessach-Fest steht
- eine Schale Salzwasser für die Tränen des Exils

(Nach: Irene Kambas: Feste als Unterrichtsthema. In: Diepold [Hg.]: Die Fundgrube für Feste und Feiern. Cornelsen Scriptor, Berlin 2001, S. 113.)

Christliche Feste

Zur Arbeit mit dem Lehrbuch

Grundsätzlich sollte die Behandlung der einzelnen Feste in kalendarischer Nähe zu den einzelnen Festen erfolgen. Die Feste sollten durch gemeinsames Feiern in vielfältigen Formen begangen werden. Dabei können bei allen Festen Lieder, Gedichte, Geschichten, Legenden und Sagen einbezogen werden.

Christliche Feste im Jahresablauf ⇒ **LB, S. 173**
In Verbindung mit den Erläuterungen zum Kirchenjahr kann die Zusammenstellung der Farben (siehe Hintergrundwissen) in ihrer Bedeutung für das Kirchenjahr als Schülerauftrag vergeben werden.

Hintergrundwissen: Bedeutung der Farben im Kirchenjahr
Im Zusammenhang mit der Erörterung christlicher Feste werden oft Fragen zur Bedeutung der Farben im Kirchenjahr gestellt.
1. *Violett* (Advents- und Passionszeit)
Sie ist die Farbe der Besinnung und Buße. Die Gläubigen bereiten sich auf die Ankunft Jesu vor.
2. *Weiß* (Weihnachten bis einschließlich Epiphanis; Ostern bis Pfingsten)
Sie ist die Farbe der Freude und des Lichtes. Sie passt zur Weihnachts- und Osterbotschaft.
3. *Rot* (Pfingsten)
Sie wird als Zeichen für Blut und Feuer angenommen. Die Kirche feiert ihren »Geburtstag« und den Tag ihrer Erneuerung. Sie gedenkt der Männer und Frauen, die für ihren Glauben ihr Leben hingegeben haben.
4. *Grün* (Trinitatis bis 1. Advent (ausschl.), Epiphanis (ausschl.) bis Fastnacht)

Sie ist die Farbe des Lebens, des naturhaften Wachsens. Sie wird auf das Wachsen im Glauben bezogen.
5. Schwarz (Karfreitag und Karsamstag)
Die Farbe Schwarz wird an Trauertagen getragen.

(Nach: Ernst Scheibe: Rund um den Kirchturm. Evangelische Verlagsanstalt, Leipzig 1992, S. 42f. Theologische Realenzyklopädie. Bd. 11, de Gruyter, Berlin 1983, S. 30.)

Weihnachten und Ostern ⇒ **LB, S. 174ff.**
Die Texte zu Weihnachten und Ostern sind spannend und in einer für Schüler dieser Klassenstufe ansprechenden Sprache geschrieben. Es ist davon auszugehen, dass die Schüler durch die Angebote im Lehrbuch sehr gut motiviert sind, sich mit den Inhalten auseinander zu setzen. Unterstützt wird die Erschließung durch inhaltsadäquate Aufgabenstellungen. So werden Aufgaben zum reflektierenden Nachdenken angeboten, Anregungen zum praktischen Umgang mit dem Unterrichtsgegenstand gegeben und Aufgaben gestellt, mit denen der Bogen von der Vergangenheit in unsere Gegenwart gespannt wird.

Für Geschichtstüftler (Aufgabe 4) ⇒ **LB, S. 175**
Der jüdische Herrscher Herodes der Große hat von 73 v. Chr. bis 4 v. Chr. gelebt. Seine Geschichte ist in Mt. 2 nachzulesen. Der römische Kaiser Augustus hat von 63 v. Ch. bis 14 n. Ch. gelebt.

Hintergrundwissen: Osterzeit
1. Palmsonntag
Mit dem Palmsonntag (Sonntag vor Ostern) beginnt die Karwoche oder die Heilige Woche. Er erinnert an den Einzug Jesu in Jerusalem.
2. Karwoche (ahd.: kara = Sorge, Kummer)
Die Karwoche ist die letzte Woche der Fastenzeit. Sie dauert von Palmsonntag bis Karsamstag. Es ist die Woche vor Ostern, in der an den Tod und die Leiden Christi erinnert wird.
3. Gründonnerstag (von greinen = weinen)
Donnerstag der Karwoche. Tag der Versöhnung mit den Sündern und des Gedächtnisses der Einsetzung des Heiligen Abendmahls Jesu mit seinen Jüngern.
4. Karfreitag
Der Sterbetag Jesu erinnert an die Kreuzigung. Er gilt in der evangelischen Kirche als höchster Feiertag.
5. Karsamstag
Der Tag zwischen dem Karfreitag und dem Ostertag. Es ist der Tag der Trauer und Klage über den Tod Jesu.
6. Ostern (von »Urständ« = Auferstehung oder »Osten«, oder von der Frühlingsgöttin Ostara)
Fest der Auferstehung Jesu Christi. Es wird am Sonntag nach dem Vollmond gefeiert, der am oder zunächst nach dem Frühlingsanfang erscheint.

(Nach: http://de.wikipedia.org/wiki/Ostern)

Hat das Leiden kein Ende? ⇒ **LB, S. 177**
Beide Aufgabenstellungen orientieren vor dem Hintergrund der Kreuzung Jesus auf die Aufarbeitung des Leids Unschuldiger. Im Zusammenhang damit erfolgt die Auseinandersetzung mit dem Begriff »Zivilcourage«. Unter der Überschrift »Zivilcourage zeigen« ⇒ **LB, S. 126** wurde diese Thematik im Lehrbuch bereits angesprochen.

Methode: Fünf-Schritt-Schema zum Bildverstehen ***M 30***
1. Erster Eindruck
Welchen Eindruck macht das Bild im ersten Augenblick?
2. Inhaltliche Analyse
Gibt es eindeutig identifizierbare Personen, Handlungen, Gegenstände? In welchem situativen Bezug stehen sie? Welche Hinweise lassen sich Mimik und Körpersprache entnehmen?
3. Formale Analyse
• Gegenstandsform: Gibt es Auffälligkeiten hinsichtlich der Form, Größe, Kontur und Farbe der Bildgegenstände?
• Farbigkeit: Ist das Bild harmonisch, kontrastreich oder monochrom in der Farbwirkung?
• Licht: Wo liegt die Lichtquelle? Gibt es auffällige Licht- oder Schattenzonen?
• Komposition: Wird mit dem Bildaufbau eher Stabilität, Labilität, Ordnung oder Chaos, Unruhe, Erregung, Verlorenheit, Bedrohung, Geschwindigkeit, Enge, Weite etc. assoziiert?
• Raum: Wirkt das Bild eher räumlich oder flächig? Welche Mittel bewirken Räumlichkeit?
• Zeit: Vermittelt die Darstellung einen Eindruck der Dauer, der Geschwindigkeit, des Momentanen, der Ewigkeit?
• Betrachter: Wie ist die Position des Betrachters zum Bildraum?
4. Metaphorische Analyse
Ist es denkbar, dass Gegenstände oder Gegenstandsbeziehungen, Farben, Licht, Komposition, Räumlichkeit, Zeitstruktur oder die Betrachterbeziehung eine symbolische Bedeutungsebene haben? Welche Beobachtungen sprechen dafür?
5. Interpretation
Welche Einzelbeobachtungen verstärken sich gegenseitig und ermöglichen eine fundierte Gesamtdeutung? Stimmt das Analyseergebnis mit dem ersten Gesamteindruck überein? Wird er präzisiert,

differenziert, korrigiert etc.? Welche Informationen gibt der Bildtitel?

(Nach: Stefan Maeger: Drei Köpfe, vier Ohren, fünf Sinne. In: Ethik & Unterricht, 2/2002, S. 26f.)

Ich bin die Tür, Aquarell von Andreas Felger ⇒ **LB, S. 179**

Was für den einen Bildtyp gerade richtig ist, mag für ein anderes Bild viel zu aufwändig sein. Wenn hier dennoch ein Fünf-Schritt-Schema zum Umgang mit Bildern angeboten wird, dann deshalb, weil eine pragmatisch orientierte Maximallösung – ist sie einmal verinnerlicht – den für den konkreten Fall sinnvoll bemessenen Gebrauch freistellt. Zur Erschließung der Bildsprache des Aquarells von Andres Felger lassen sich aus dem Fünf-Schritt-Schema einige Anregungen entnehmen. Sie unterstützen die Auswertung anhand der fünf Leitfragen im Lehrbuch. Bezug genommen werden kann auch auf die Bedeutung der Farben im Kirchenjahr ⇒ **LBB, S. 58f.**

Islamische Feste

Sofern Schüler muslimischen Glaubens in der Klasse lernen, sollten diese unbedingt in die Behandlung des Themas einbezogen werden.

Hintergrundwissen: Der muslimische Kalender

Die muslimische Jahreszählung beginnt mit dem Jahr der Hidschra, der Auswanderung Mohammeds von Mekka nach Medina (622 n. Chr.). Das muslimische Jahr ist ein reines Mondjahr, d. h., es zählt 12 Monate von 29 oder 30 Tagen. Weil das Mondjahr 11 Tage kürzer ist als unser Sonnenjahr, verschiebt sich der muslimische Kalender jedes Jahr gegenüber unserem Kalender um 11 Tage. Seit 622 sind 1406 dieser Mondjahre von 354 Tagen vergangen (Stand 1988). Der Festkalender des Islam: *1. Muharram* – Neujahr, *10. Muharram* – Aschura (wichtigstes schiitisches Fest); *12. Rabi al-Auwa* – Maulid al-Nabi (Geburtsfest Mohammeds); *27 Radschaf* – Lailat al-Miradsch (die Nacht der Himmelfahrt Mohammeds); *1. Ramadan* – Beginn des Fastenmonats Ramadan, *9. Ramadan* – Heilige Nacht der Macht (Offenbarung des Korans); *1. Schauwal* – *Id al-Fitr* (Fest des Fastenbrechens); *10. Dhi'l-Hidscha* – Id al-Adha (Opferfest, auch genannt: Id al-Kabir – das Große Fest). (A)

Die genauen Daten der Feste hängen mit dem Aufgang der ersten Sichel des neuen Mondes zu Beginn des betreffenden muslimischen Monats zusammen. Das kann einen Unterschied von einem Tag gegenüber dem oben genannten Daten ergeben.

(Nach: Peter Musall: Miteinander im Glauben. Glaubensfragen in Kindergruppen. Burckhardthaus-Laetare Verlag, Offenbach/M. 1994, S. 81.)

Besonders interessierte Schüler könnten einen muslimischen Kalender anfertigen und die Feste des Islams darin markieren.

Zusätzliche Anregungen

Vergleich zwischen Opferfest, Pessachfest und Ostern

Die Schüler stellen die Inhalte und Rituale der wichtigsten Feste der monotheistischen Religionen (islamisches Opferfest, jüdisches Pessachfest und christliches Osterfest) gegenüber. Grundlage der Recherche sind die Ergebnisse des bisherigen Unterrichts. Zur Ergänzung lassen sich weitere Informationsmaterialien (Internet, Lexika) heranziehen. Es wird vorgeschlagen, die Aufgaben in arbeitsteiliger Gruppenarbeit zu lösen.

	Opferfest Id al-Adha	Pessachfest	Ostern
Wann?	Ende der Pilgerzeit nach Mekka	Beginn am Abend des 14. Nissan, Ende am Abend des 22. Nissan	Karfreitag, Samstag und Ostersonntag
Woran erinnert das Fest? (Inhalt)	Hingabe des Menschen an Gott und das Vertrauen auf seine Barmherzigkeit; Opferbereitschaft Abrahams	Rettung der Israeliten; Auszug aus der ägyptischen Sklaverei; Erinnerung an biblische und historische Trauerzeiten der Juden	Tod und Auferstehung Jesu
Verlauf des Festes in den Religionen	Gebete in der Moschee, Pilgerrituale in Mekka	Gottesdienst in der Synagoge; Gebete, Segen; Seder-Abend, erster Abend des Pessach-Festes	Karfreitagsliturgie, Karsamstagsgottesdienst, Osterliturgie
Verlauf des Festes in den Familien	Festessen, Familienbesuche, Geschenke	Rituelles Essen in der Familie am Seder-Abend;	Kirchgang, Festessen

(Nach: Irene Kambas: Feste als Unterrichtsthema. In: Siga Diepold [Hg.]: Die Fundgrube für Feste und Feiern. Cornelsen Scriptor, Berlin 2001, S. 126f.)

Feste der Religionen ⇒ **AH, S. 63**
Das Arbeitsblatt lässt sich im Zusammenhang mit der Gruppenarbeit »Vergleich zwischen Opferfest, Pessachfest und Ostern« ⇒ **LBB, S. 60f.** einsetzen. Die Feste sind den Religionen zuzuordnen sowie typische Merkmale dieser Feste aufzuschreiben.

Nationale Feiertage

Mit dem **Tag der Deutschen Einheit** wird die Behandlung des 6. Kapitels »Festtage und Feiertage im Leben der Menschen« abgeschlossen. Es ist ein wichtiger nationaler Feiertag unserer jüngeren Geschichte, der auch in das Bewusstsein der Schüler dieser Altersgruppe gerückt werden sollte.

Zusätzliche Anregungen

Erstellung einer Argumentation
Der Ruf »Wir sind das Volk«, wie er im Herbst des Jahres 1989 von Zehntausenden Leipziger Demonstranten zu vernehmen war, wurde später von vielen in die Forderung »Wir sind ein Volk« umgeformt.

1. Beschäftigt euch intensiv mit den Ereignissen vom Herbst 1989 in der damaligen DDR. Recherchiert im Internet nach Zeitzeugen und anderen Zeugnissen dieser Vergangenheit. Befragt Menschen, die sich an diese Ereignisse gut erinnern können. (A)
2. Stellt eine Argumentation zusammen, mit der ihr erklärt, wie die beiden Sprüche zu verstehen sind. Tipp: Der erste Spruch bezieht sich auf das Leben in der damaligen DDR. Mit dem zweiten Spruch wird die Zukunft angesprochen.

Gestaltung einer Feier – Gedankenexperiment
⇒ **M 28**
Seit 1990 wird zum Tag der Deutschen Einheit eine Feier ausgestaltet. Traditionell wird diese Feier als Bürgerfest organisiert.

Nehmen wir an, dass dieses Jahr das Bürgerfest unter dem Motto stehen soll »Ost und West – wir gehören zusammen«. Stellt euch weiter vor, dass eure Gemeinde den Auftrag erhalten hat, dieses Fest vorzubereiten. Bildet einen Organisationsstab, der sich mit der Vorbereitung des Festes befasst. (A)

Kopiervorlagen

Nr.	Titel
KV 1	Unterschiedliche Wertigkeit von Erfolg
KV 2	Erfolg ist, wenn ...; Misserfolg ist, wenn ...
KV 3	Hin- und her gerissen
KV 4	Das Rasiermesser meines Vaters
KV 5	Mit besten Absichten lügen
KV 6	Gerecht und fair sein
KV 7	Ist die Ungleichheit bei der Vergabe des Taschengeldes gerecht?
KV 8	Ein Gerechtigkeitsbarometer
KV 9	Eigenschaften von A bis Z
KV 10	Schöne neue Medienwelt
KV 11	Streit schlichten
KV 12	Entscheidungsspiel "Sich einmischen!?"
KV 13	Umgang mit Ängsten
KV 14	Ein Stein erzählt
KV 15	Von Vater und Mutter
KV 16	Spuren im Sand
KV 17	Ratgeber: Freunde gewinnen oder verlieren
KV 18	Die Top Ten der Streitprofis
KV 19	Die Schule im Jahr 2157
KV 20	Eine Schule zum Wohlfühlen
KV 21	Regeln des Zuhörens und des Sich-Äußerns
KV 22	Im Einheitslook zur Schule
KV 23	Wie du mir, so ich dir
KV 24	Die Welt wahrnehmen
KV 25	Klischees über Jungen und Mädchen
KV 26	Gedankenexperiment: Experimentelle Umkehrung
KV 27	Bausteine für Toleranz
KV 28	Rollen in meinem Leben
KV 29	Die Welt als unsere Erde
KV 30	Die Welt als Universum oder Kosmos
KV 31	Symbol oder Zeichen
KV 32	Bäume
KV 33	Tierschützer in Aktion
KV 34	Gefährdungen der Natur
KV 35	Alles Natur – ein Rätsel
KV 36	Feste im Lebenslauf herausfinden

Unterschiedliche Wertigkeit von Erfolg **KV 1**

Für ein Spiel im Arbeitsheft (S. 4/5) sind Bedeutungskärtchen erstellt worden. Um nach den Regeln des »Mensch-ärgere-dich-nicht«-Spiels spielen zu können, wurden die Bedeutungskärtchen in fünf Gruppen eingeteilt. Spieler, die auf Bedeutungskärtchen mit der höchsten Wertigkeit treffen, rücken 10 Felder vor. Bedeutungskärtchen mit der geringsten Wertigkeit ermöglichen es, zwei Felder weiter zu rücken. Zwischen der höchsten und geringsten Wertigkeitsgruppe liegen noch drei Gruppen, die das Weiterrücken von acht, sechs oder vier Feldern ermöglichen.

(A) Schreibe in den einzelnen Gruppen auf, wie du dir die Zuordnung unterschiedlicher Wertigkeit von Erfolg erklärst.
Überlege dir zu jeder Gruppe ein eigenes Beispiel. Schreibe das Beispiel in die vorgesehene Spalte.

Bedeutungskärtchen	Begründungen für Zuordnungen	eigenes Beispiel
Für den Freund verzichtest du auf einen Erfolg. **10 Felder vor**		
Du magst deinen Freund auch dann, wenn er nicht erfolgreich ist. **8 Felder vor**		
Bei Misserfolg lässt du den Kopf nicht hängen. **6 Felder vor**		
Als Mathe-Ass bist du unschlagbar. **4 Felder vor**		
Es hängt von deiner Tagesform ab, ob du erfolgreich bist. **2 Felder vor**		

Erfolg ist, wenn ... ; Misserfolg ist, wenn ... KV 2

(A) Vollende die Satzanfänge zu Erfolg und Misserfolg.
Schreibe auf, was für dich Erfolg bedeutet.

Erfolg ist, wenn ______________________________

Misserfolg ist, wenn ______________________________

Wörter, die Erfolg charakterisieren

(A) Suche nach Wörtern, durch die du charakterisieren kannst, was für dich Erfolg bedeutet. Die Buchstaben des Wortes Erfolg müssen in den von dir gefundenen Wörtern vorkommen. Zum Beispiel könntest du das Wort Energie für die Buchstaben »E«, »R« oder »G« verwenden (aber nur für einen Buchstaben). Das Wort Energie kannst du jetzt natürlich nicht mehr verwenden.

E

R

F

O

L

G

Hin- und hergerissen

Kennst du das Gefühl? Du hörst in deinem Innersten zwei Stimmen. Die eine will eine Pflicht erfüllen, die andere will lieber etwas anderes machen.

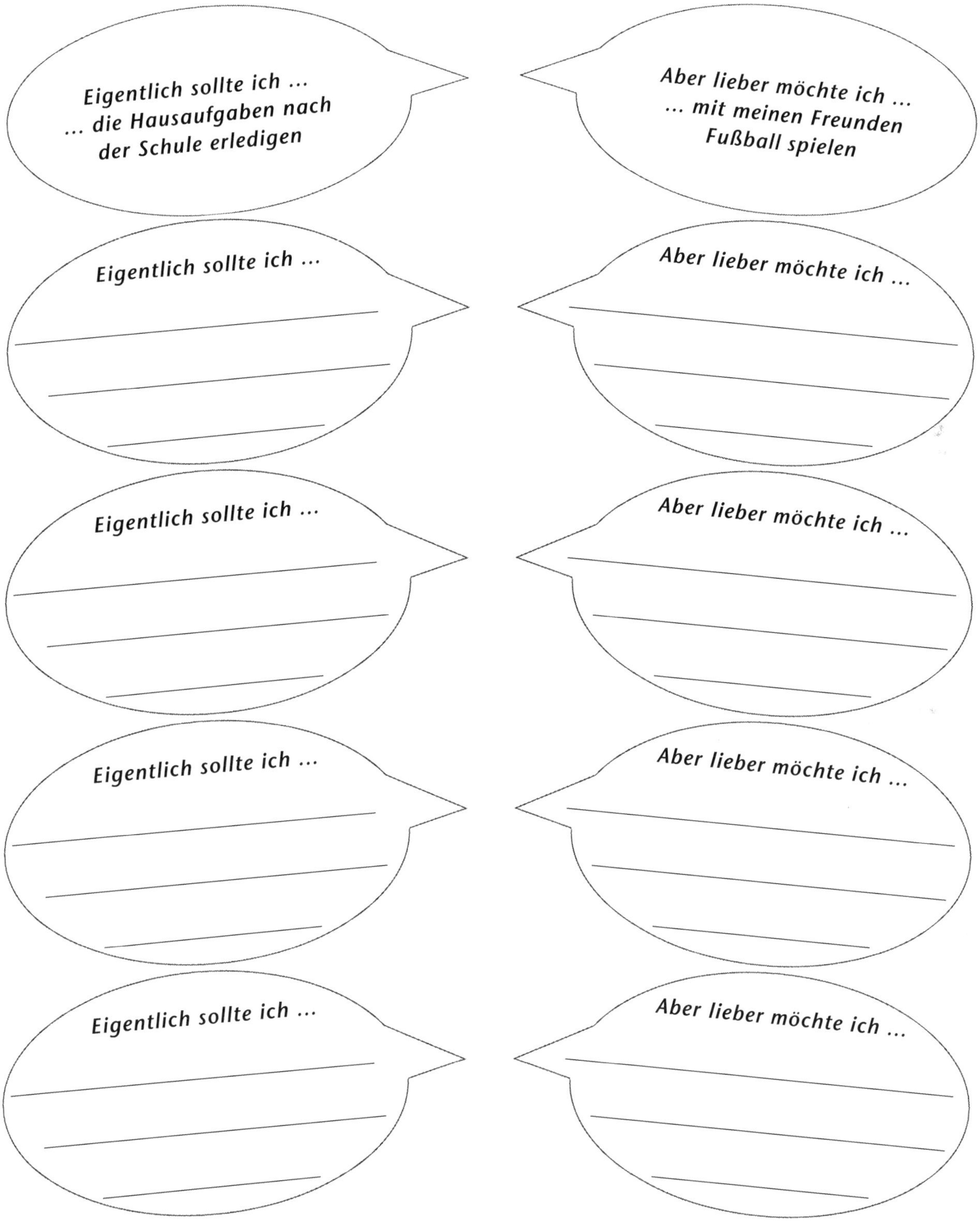

(A) Schreibe solche Gegensätze in die Denkblasen.

Das Rasiermesser meines Vaters

[Mein Vater] benutzte das Messer nicht zum Rasieren, sondern bewahrte es nur in der mit Seidenpapier ausgelegten Schachtel auf, in der er es gekauft hatte. Die handwerkliche Ausführung und die feinen Materialien beeindruckten ihn, und er zeigte es oft her, wenn jemand zu Besuch kam, und forderte die Leute auf, es zu bewundern. Als er mit seinem gebrochenen Bein im Krankenhaus lag, nahm ich das Rasiermesser, um damit ein Stück Holz zu bearbeiten. Guter Dinge legte ich los. Als ich nach einiger Zeit die Klinge inspizierte, sah ich, dass die Schneide ausgezackt war wie ein Sägeblatt. Ich wagte nicht, das Messer wieder an seinen Platz zu legen, weil ich wusste, was mir blühen würde, wenn mein Vater es so entdeckte. Voller Angst warf ich das Rasiermesser in den Stausee. Es dauerte Monate, bis mein Vater das Fehlen des Messers bemerkte. Glücklicherweise war gerade Hora bei uns, als es soweit war. Er fragte mich, wo es sei. Ich antwortete ihm, dass ich es nicht wüsste. Als er mich noch einmal fragte, wusste er, dass ich log.

»Raimond, das Rasiermesser ist nicht wichtig, aber du darfst nicht lügen. Das ist schlimmer als alles andere. Sogar wenn du das Haus niederbrennst, musst du mir die Wahrheit sagen. Wenn du das tust, wird es keinen Ärger geben.« Er sprach ganz ruhig.

Ich wusste, dass meinem Vater Ehrlichkeit über alles ging und dass er nie willentlich lügen würde, konnte aber nur schwer glauben, dass ich der Strafe entkommen würde, wenn ich zugab, mit seinem geliebten Rasiermesser an einem Stück Holz herumgeschnitzt zu haben. Als er sagte, dass ich, sogar wenn ich das Haus niedergebrannt hätte, nicht bestraft werden würde, sofern ich es aus freien Stücken zugab, konnte ich ihm einfach nicht glauben. Also bestritt ich weiter jedes Wissen um den Verbleib des Rasiermessers.

Die Wut meines Vaters hatte drei Ursachen: Erstens wusste er, dass ich log. Zweitens machte er sich Sorgen wegen meines Charakters. Und drittens war er über den Verlust seines wertvollen Messers bestürzt. Er schlug so fest zu, dass es mir trotz des ganzen Spektakels und Aufruhrs tatsächlich in dem Augenblick, in dem er mich schlug, mehr weh tat als nachher. Innerhalb weniger Minuten ging Hora dazwischen. »Komm, Gaita! Das ist genug!« Mein Vater ignorierte ihn, war aber ausreichend abgelenkt, um seine Umklammerung zu lösen. Ich riss mich los und rannte aus dem Haus auf die Weiden, wo ich blieb, bis es dunkel war. Erst nachdem mein Vater mehrmals nach mir in die Dunkelheit gerufen hatte, ging ich ins Haus zurück. Ich wusste, dass er mich nicht zum Essen rufen und dann schlagen würde – zumindest so lange er seine Wut bezähmte –, und vertraute darauf, dass Hora mich schützen würde, wenn er die Beherrschung verlor. Mein Vater suchte den ganzen nächsten Tag lang nach seinem Rasiermesser. Ich blieb wieder auf den Weiden, weil ich wusste, dass er jederzeit einen Wutanfall bekommen konnte.

Er hat mich jahrelang nach dem Rasiermesser gefragt. Ich habe ihm nie gesagt, was ich damit gemacht habe.

(Auszug aus: Raimond Gaita: Romulus, mein Vater, Salzburg/Frankfurt/Wien 2001, S. 54–56.)

(V) Lass dich durch die Geschichte zum Weiterschreiben anregen. Du könntest zum Beispiel die Geschichte aus der Perspektive von Hora erzählen. Du kannst aber auch darüber schreiben, wie zwischen Sohn und Vater das Vertrauen wieder hergestellt werden kann.

Mit besten Absichten lügen? KV 5

Im 18. Jahrhundert hat der deutsche Philosoph Immanuel Kant sich mit dem Franzosen Benjamin Constant darüber auseinandergesetzt, ob es Situationen gebe, in denen man nicht bei der Wahrheit bleiben müsse, weil der Gegenüber sie nicht verdiene. Der Streit zwischen den beiden entspann sich in philosophischen Büchern und Zeitschriften; sie haben sich nie gesehen. Hätten sie sich getroffen, hätte die Auseinandersetzung vielleicht so verlaufen können:

Kant: Bei der Wahrheit müssen wir auf jeden Fall und unbedingt bleiben. Andernfalls wäre jede Grundlage für Gespräche unter Menschen zerstört. Wenn es die Möglichkeit gibt, unter bestimmten Bedingungen lügen zu dürfen, kann ich nie wissen, ob diese Bedingung nicht gerade vorliegt, bei dem, was mir von meinem Gesprächspartner gesagt wird. Dieser Gedanke passt nicht zu dem, was wir uns unter einem Gespräch vorstellen. Es kann nicht je nach Situation einmal das Lügen erlaubt sein und einmal nicht!

Constant: Aber stellen Sie sich doch folgende schreckliche Situation vor: Ein Mensch flüchtet sich zu Ihnen ins Haus, weil er von einem Verbrecher verfolgt wird. Sie zeigen ihm einen Fluchtweg in ein Versteck. Der Verbrecher (er ist bewaffnet, überwältigen können Sie ihn nicht) hat das Opfer zu Ihnen hinein rennen sehen, brüllt Sie an und verlangt, dass Sie den weiteren Fluchtweg verraten. Sie können doch nicht allen Ernstes behaupten, dieser Verbrecher habe ein Recht auf Ihre wahre Auskunft. Damit liefern Sie das Opfer dem Täter doch geradezu ans Messer. Schon aus Menschenliebe müssen Sie in diesem Fall doch lügen.

Kant: Sie haben völlig Recht: Es ist nicht der verbrecherische Täter, der die wahre Auskunft beanspruchen kann – ich bin aber stattdessen der Wahrhaftigkeit selbst gegenüber in der Pflicht. Wenn ich keine Möglichkeit habe, die Aussage ganz zu verweigern, muss ich bei der Wahrheit bleiben. Ihr Gedanke, dass wir nur unter bestimmten Bedingungen der Wahrheit verpflichtet seien (etwa wenn die Folgen wünschenswert sind), ist unsinnig: Er widerspricht völlig der Idee der Wahrheit, die wir nicht an Bedingungen knüpfen können. Aber das habe ich eben schon einmal gesagt!

Constant: Sie wollen im Ernst den Täter das Opfer ermorden lassen – bloß wegen Ihres Wahrheitsfanatismus?!

Kant: Natürlich nicht! Wir müssen zur Rettung alles tun, was wir können und was in dieser Situation erlaubt ist. Aber eine Lüge im Vertrauen darauf, dass sie dem Opfer nützt, ist nicht nur unmoralisch, sondern vielleicht sogar das falsche Mittel.

Stellen Sie sich doch nur vor, ich sage dem Verbrecher in bester Absicht, sein Opfer sei gerade um die Ecke gelaufen. Vielleicht hat das Opfer tatsächlich ohne mein Wissen sein Versteck wieder verlassen, hat genau diesen Weg genommen und kann gerade durch meine gut gemeinte Falschauskunft seinem Mörder nicht entkommen. Sein Tod wäre doch eine direkte Folge meiner Auskunft! Bleibe ich jedoch bei der Wahrheit, kann mir kein Vorwurf aus den Folgen gemacht werden, jedenfalls wenn ich sonst alles getan habe, den Mörder zu stoppen. Natürlich sind die Folgen unseres Handeln immer ungewiss: Aus den besten Absichten kann Unglück erwachsen; auch böse Absichten können zufällig erfreuliche Folgen haben – das haben wir nicht im Griff! Wir können auch nicht immer jedes Unrecht verhindern.

Was wir aber können, ist in unserem eigenen Handeln sittlich bleiben, und das heißt für unser Beispiel: Wenn wir etwas sagen, dann muss es wahr sein – unter welchen Bedingungen und wem gegenüber auch immer!

(A)

1. Schau dir die Argumentation Kants an. Sagt er ausdrücklich, dass man einem verbrecherischen Menschen immer und unbedingt die Wahrheit sagen muss?
2. Wer hat Recht? Greife selbst in die Diskussion ein, indem du dir bei jeder einzelnen Aussage überlegst, ob du damit übereinstimmst oder nicht.

(Aus: Leo Kauter: Vom Lügen, Betrügen und der Moral. Materialien und Projekte, Mühlheim, Verlag an der Ruhr 2003, S. 98.)

Gerecht und fair sein

Gerecht und fair sein heißt auch, sich in die Haut des anderen zu versetzen. Versetzt euch in die Lage der Schülerinnen und Schüler, die ungerecht behandelt wurden.

Ungerecht behandelte Schüler	*Welche Situationen aus der Klasse fallen mir dazu ein?*	*Was wird der betroffene Schüler denken?*	*Was kann ich zur Veränderung tun?*
Ausgeschlossen Er wird zuletzt gefragt, zuletzt eingeladen, meistens übersehen usw.			
Ausgelacht Alle machen sich über ihn lustig, keiner nimmt ihn ernst.			
Ausgegrenzt Wegen seiner anderen Herkunft wird er von vielen nicht anerkannt.			
Ausgenutzt Wenn jemand Hilfe benötigt, wird er angesprochen. Braucht er welche, bleibt er allein.			

(A) Fülle die Tabelle aus. Vergleiche und diskutiere deine Ergebnisse mit denen deiner Mitschüler.

Ist die Ungleichheit bei der Vergabe des Taschengeldes gerecht? KV 7

Im Folgenden ist die Debatte, die in einer Klasse zu diesem Sachverhalt geführt wurde, in ihren wesentlichen Aussagen zusammengefasst worden.

Pro: Wir sind der Meinung, dass Schüler unseres Alters ein festes Taschengeld bekommen sollten, damit sie lernen, mit Geld umzugehen.

Kontra: Das kann man auch anders lernen, z. B. beim Einkaufen. Außerdem können es sich nicht alle Eltern leisten, den Kindern Taschengeld zu geben.

Pro: Beim Einkaufen lernt man nicht den Umgang mit Geld, weil meistens ein Einkaufzettel abzuarbeiten ist.

Pro: Keine Eltern haben so wenig Geld, dass sie ihren Kindern nicht wenigstens ein kleines Taschengeld geben könnten.

Kontra: Doch, solche Eltern gibt es.

Pro: Dann müssten die Kinder das Taschengeld vom Staat kriegen, sonst ist das ungerecht, dass die einen was bekommen und die anderen nicht.

Kontra: Der Staat kann das nicht bei jeder Familie überprüfen und außerdem bezahlt der schon das Kindergeld.

Pro: Außerdem ist das der Ausnahmefall, dass Eltern so wenig Geld haben. Meist geht es darum, ob die Eltern das Taschengeld geben wollen oder nicht.

Kontra: Wenn ich meine Eltern bitte, dass sie mir Geld fürs Kino geben, geben sie mir das auch so, da brauche ich kein Taschengeld.

Pro: Aber darauf kann man sich nicht verlassen.

Pro: Es wäre gerecht, wenn alle Kinder gleich viel Taschengeld bekommen würden, egal wie viel Geld die Eltern haben.

(Nach: Silke Pfeiffer: Gerechtigkeit und Ungerechtigkeit im Alltag, »Das ist aber ungerecht!«.)

(A) 1. Entscheide dich, ob du jeweils für die Pro oder Kontra Auffassung eintrittst.

____

____

____

____

2. Begründe in Stichworten deine Entscheidung.

____

____

____

____

____

____

Ein Gerechtigkeitsbarometer

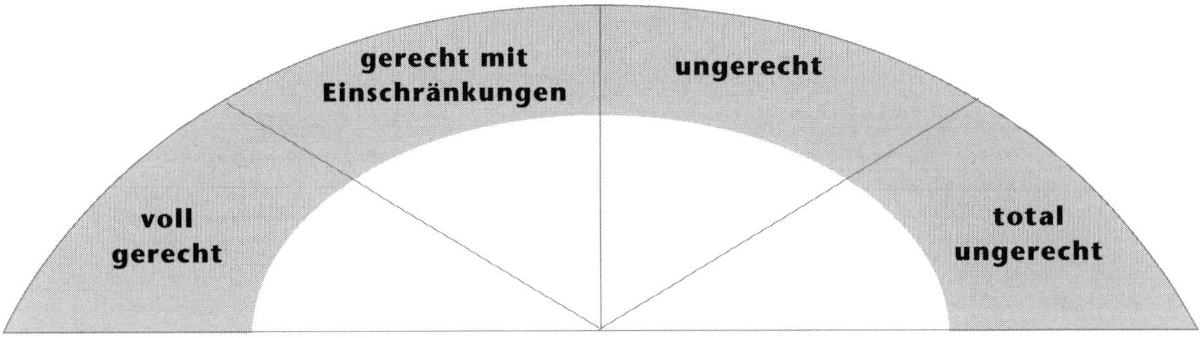

1. Ein Junge hat einen zwei Jahre jüngeren Bruder, der unheimlich liederlich ist. Nur weil er der Ältere ist, muss er immer das Kinderzimmer aufräumen.
2. Jüngere Geschwister müssen abends eher ins Bett und früher nach Hause kommen als ihre älteren Geschwister.
3. Frauen erhalten in bestimmten Berufen für die gleiche Arbeit weniger Lohn als Männer.
4. Ein Schüler hat von einem anderen ohne dessen Einwilligung in einer Klassenarbeit abgeschrieben. Beide werden bestraft.
5. Für Straftaten, die Kinder unter vierzehn Jahren begehen, sind sie im Sinne des Strafgesetzbuches nicht straffähig.
6. Die Höhe des Taschengeldes ihrer Kinder ist vom Einkommen der Eltern abhängig.
7. Die Bewertung der Leistungen in der Schule erfolgt durch Zensuren.
8. Mit deinem Zwillingsbruder hast du zu gleichen Teilen deinem Onkel im Garten geholfen. Weil dein Zwillingsbruder auf ein Fahrrad spart, erhält dieser eine größere Belohnung als du.

voll gerecht	
gerecht mit Einschränkungen	
ungerecht	
total ungerecht	

Ⓐ 1. Trage in das Gerechtigkeitsbarometer ein, welchen Grad von Gerechtigkeit du den folgenden Sachverhalten zuordnest. Schreibe hierzu die Nummer der Sachverhalte in den entsprechenden Abschnitt des Barometers ein.
2. Schreibe zu jedem Abschnitt des Gerechtigkeitsbarometers ein eigenes Beispiel auf.
3. Sprecht anschließend über eure Zuordnungen und über eure aufgeschriebenen Beispiele zum Gerechtigkeitsbarometer.

Eigenschaften von A bis Z

ausdauernd	bequem	bescheiden	zuverlässig	dickköpfig
ängstlich	eingebildet	ernst	fröhlich	geizig
ehrlich	hilfsbereit	höflich	mitfühlend	klug
gerecht	launisch	misstrauisch	mutig	neugierig
kritisch	pünktlich	mutig	vorlaut	sportlich
cool	vergesslich	vorlaut	reizbar	vorsichtig
stur	unsicher	beharrlich	schüchtern	schlagfertig

pfiffig witzig
~~verwöhnt~~ nett
manchmal stur
manchmal faul
~~launisch~~ einfallsreich

Eigenschaften, die ich verändern möchte:

____

____

____

____

Begründungen für diese Veränderungen:

____

____

____

____

Wie ich gerne sein möchte:	Wie ich überhaupt nicht sein möchte:
1. __________	1. __________
2. __________	2. __________
3. __________	3. __________

(A)
1. Welche Eigenschaften sind für dich besonders zutreffend? Kreuze sie an.
2. Welche dieser Eigenschaften möchtest du bei dir verändern? Schreibe diese Eigenschaften heraus und begründe schriftlich, warum du sie verändern möchtest.
3. Wähle dir drei Eigenschaften aus, wie du überhaupt nicht sein möchtest und drei Eigenschaften, wie du gerne sein möchtest. Schreibe diese Eigenschaften gleichfalls heraus.

Schöne neue Medienwelt

Der - - - - - - - - ist notwendig, weil ...

Der - - - - - - - - ist überflüssig, weil ...

Die - - - ist notwendig, weil ...

Die - - - ist überflüssig, weil ...

Das - - - - - - - - ist notwendig, weil ...

Das - - - - - - - - ist überflüssig, weil ...

Das - - - - - - - - - ist notwendig, weil ...

Das - - - - - - - - - ist überflüssig, weil ...

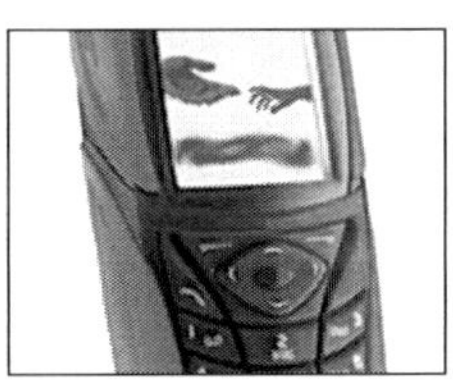

Das - - - - - ist notwendig, weil ...

Das - - - - - ist überflüssig, weil ...

Die - D-R - - ist notwendig, weil ...

Die - D-R - - ist überflüssig, weil ...

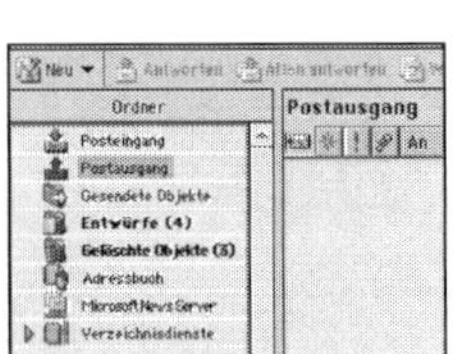

Die E-M - - - ist notwendig, weil ...

Die E-M - - - ist überflüssig, weil ...

(A)
1. Trage in die vorgesehenen Leerzeichen ein, um welches moderne Medium es sich handelt.
2. Vollende die Satzanfänge, indem du für »notwendig« und »überflüssig« möglichst Typisches aufschreibst.

Streit schlichten

Eigentlich hatte alles ganz harmlos angefangen. Beim Vorbeigehen an Roberts Arbeitsplatz stößt Jan an einen Stapel Arbeitsmaterialien, der daraufhin zu Boden fällt. Ein Buch und ein Hefter werden dabei geringfügig beschmutzt. Der Aufforderung von Robert, die Sachen aufzuheben, kommt Jan nicht nach. In der großen Pause beschimpfen sie sich gegenseitig. Beide belegen sich mit Vorwürfen aus Zeiten, die schon lange zurückliegen. Am nächsten Tag nimmt sich Robert Jans Federtasche und wirft sie im hohen Bogen durch die Luft. Jans neuer Federhalter geht dabei zu Bruch. Jan stürzt sich auf Robert und es kommt zur Auseinandersetzung mit den Fäusten. Sie werden von Thomas und Rico aus der 8a getrennt, die beide als Streitschlichter an der Schule tätig sind. Sie bieten Robert und Jan an, ihnen bei der Überwindung ihres Streits zu helfen.
Stell dir vor, du wärst wie Thomas oder Rico Streitschlichter und wolltest den Streit zwischen Robert und Jan schlichten. Wie gehst du vor?

(A) 1. Schreibe zunächst die vier Schritte einer Streitschlichtung auf.

1. ____________________

2. ____________________

3. ____________________

4. ____________________

2. Erläutere anhand des Streits zwischen Robert und Jan, wie eine solche Streitschlichtung konkret verlaufen könnte.

____

____

____

____

____

____

____

____

____

____

____

____

Entscheidungsspiel »Sich einmischen!?« KV 12

Manchmal beginnt ein Konflikt harmlos, doch plötzlich wird es ernst, und man steckt mittendrin. Hast du versäumt, rechtzeitig auszusteigen? Du beobachtest eine Gewalthandlung: Sollst du dich einmischen? Wenn ja, wie? Um richtig zu reagieren oder um Konflikte zu schlichten, ist es gut, wenn du viele Handlungsmuster kennst.

Situation A: Gerhard beginnt mit dir eine Schlägerei.

☐ 1 Ich versuche, mich loszureißen und wegzulaufen.

☐ 2 Ich rufe laut um Hilfe.

☐ 3 Ich tue so, als ob er mich schlimm verletzt hätte.

4 Ich ______________________________

Situation B: Du bekommst mit, wie Toralf Lisa mit Gewalt packt und ihr wehtun will.

☐ 1 Ich mische mich sofort ein und hindere Toralf am weiteren Vorgehen.

☐ 2 Ich mische mich nicht ein und gehe weiter.

☐ 3 Ich mische mich nicht ein, sondern hole einen Erwachsenen der das Vorgehen gegen Lisa beendet.

4 Ich ______________________________

Situation C: Du beobachtest, wie Frank von Leo und Werner um Geld erpresst wird.

☐ 1 Ich versuche, die beiden zu überreden, Frank in Ruhe zu lassen.

☐ 2 Ich erzähle anderen von der Erpressung, damit diese kein Geheimnis mehr ist.

☐ 3 Ich versuche, mit Frank abzuhauen.

4 Ich ______________________________

Situation D:

1 ______________________________

2 ______________________________

3 ______________________________

4 ______________________________

Ⓐ
1. Überlege dir, wie du dich in der jeweiligen Situation verhalten würdest. Kreuze eine »Ausstiegsmöglichkeit« an oder schreibe eine weitere Handlungsmöglichkeit auf die freie Linie.
2. Beschreibe selbst noch eine Konfliktsituation und schlage vier »Ausstiegsmöglichkeiten« vor (Situation D).

(Nach: Christoph Straub: Entscheidungsspiel »Sich einmischen!?«, In: Wochenschau 5/2005, S. 162.)

Umgang mit Ängsten

Angstsituationen	*Beschreibung der Angst*
1. Ich habe zwei Freundinnen. Manchmal stelle ich mir vor, dass alles ganz anders sein könnte: Wenn mich meine Freundinnen z. B. nicht mehr leiden können, sie gegen mich sind.	
2. Obwohl ich zu Hause gelernt habe, versage ich oft in Mathe, wenn es darauf ankommt. Mir wird schon ganz bange, wenn ich an die nächste Mathearbeit denke.	
3. Der Opa meines Freundes ist gestorben. Das kam für seine Familie ganz überraschend. Nun denke ich ständig daran, dass so etwas auch in meiner Familie passieren könnte.	
4. Mehrere größere Jungs haben mich festgehalten und meinen Rucksack durchwühlt. Weil Erwachsene dazu kamen, konnte ich weglaufen. Nun habe ich ein mulmiges Gefühl in der Magengegend, wenn ich ältere Jungs sehe.	
5. Beim Fußballspielen werde ich immer als letzter in die Mannschaft gewählt. Das macht mich noch unsicherer. Wenn ich dann in Ballbesitz bin, habe ich ganz weiche Knie und es misslingt mir alles.	

(A)
1. Beschreibe mit eigenen Worten, um welche Ängste es sich in den einzelnen Situationen handelt.
2. Wähle dir ein Beispiel aus und unterbreite Vorschläge, wie man in dieser Situation mit der Angst umgehen kann.

Ein Stein erzählt

Mein Stein ist teilweise glatt – aber auch kantig und zerfurcht. Er erzählt, warum ich Angst habe.

Ich nehme einen Stein in meine Hand.
Der Stein ist glatt und zerfurcht
oder rundlich und kantig.
Er erzählt mir seine Geschichte.
Erinnerungen werden in mir wach.
Ich lasse meinen Gedanken freien Lauf.
Ich spreche meine Sorgen aus.
Ich rede über meine Ängste.
Es geht mir besser.

(A) Wenn du möchtest, kannst du über deine Gedanken sprechen. Du kannst es aber auch aufschreiben und für dich behalten. Oder du kannst es vorlesen.

Von Vater und Mutter

In meinem dritten Schuljahr hatte ich eines Tages einem armen Handwerker in unserer Straße mit einer Schleuder ein Fenster eingeworfen. Der Mann lief zu meinem Vater, erzählte ihm meine, wie er glaubte, absichtlich begangene Tat und fügte noch hinzu, dass ich außerdem ein Tunichtgut und Straßentyrann wäre. Als am Abend mein Vater mir alles wieder berichtete und auf ein Geständnis drang, war ich über den Ankläger so empört, dass ich auch den unbestreitbar geschehenen Fensterschuss hartnäckig leugnete. Ich wurde ungewöhnlich hart gezüchtigt und glaubte nun vollends, meinen Trotz nicht brechen lassen zu dürfen. So verhielt ich mich einige Tage scheu und feindselig, während mein Vater schwieg und ein Schatten auf dem ganzen Hause lag.

In diesen Tagen war ich unglücklicher als jemals zuvor. Nun musste mein Vater für eine Woche verreisen. Als ich an jenem Tag aus der Schule kam, war er schon abgereist und hatte ein Brieflein dagelassen. Nach Tisch begab ich mich in die oberste Kammer und öffnete den Brief. Ein schönes Bild fiel heraus und ein Zettel von der Hand meines Vaters:

»Ich habe dich für ein Vergehen gestraft, das du nicht begangen hast. Hast du die Sache dennoch begangen und mich also angelogen, wie soll ich dann noch mit dir reden? Ist`s anders, dann habe ich dich im Unrecht geschlagen. In einer Woche, wenn ich wiederkomme, sollte doch einer von uns dem anderen verzeihen können. Dein Vater.«

(Hermann Hesse: Von Vater und Mutter. Aus: Gesammelte Schriften. 7 Bände, Suhrkamp, Frankfurt a. M. 1958.)

(A) Schreibe auf, wie die Geschichte weitergehen könnte.

Spuren im Sand

Eines Nachts hatte ich einen Traum:
Ich ging am Meer entlang mit meinem Herrn.
Vor dem dunklen Nachthimmel erstrahlten,
Streiflichtern gleich, Bilder aus meinem Leben.
Und jedes Mal sah ich zwei Fußspuren im Sand,
meine eigene und die meines Herrn.
Als das letzte Bild an meinen Augen vorüber gezogen war,
blickte ich zurück. Ich erschrak, als ich entdeckte,
dass an vielen Stellen meines Lebensweges nur eine Spur
zu sehen war. Und es waren gerade die schwersten Zeiten meines Lebens.

Besorgt fragte ich den Herrn:
»Herr, als ich anfing, dir nachzufolgen, da hast du
mir versprochen, auf allen Wegen bei mir zu sein.
Aber jetzt entdecke ich, dass in den schwersten Zeiten
meines Lebens nur eine Spur im Sand zu sehen ist.
Warum hast du mich allein gelassen, als ich dich am meisten brauchte?«

Da antwortete er:
»Mein liebes Kind, ich liebe dich und werde dich nie
allein lassen, erst recht nicht in Nöten und Schwierigkeiten.
Dort, wo du nur eine Spur gesehen hast,
da habe ich dich getragen.«

(Originalfassung des Gedichts: Footprints © 1964 Margaret Fishback Powers;
deutsche Fassung © 1996 Brunnen Verlag, Gießen.)

(A) Versetze dich in in die Lage des Verfassers und schreibe auf, wie er in dieser schwierigen Situation Trost und Hilfe findet.

___

___

___

___

___

___

___

___

___

___

___

Ratgeber: Freunde gewinnen oder verlieren — KV 17

Wie man Freunde gewinnt

1. ______________________
____
2. ______________________
____
3. ______________________
____
4. ______________________
____

…

Wie man Freunde verliert

1. ______________________
____
2. ______________________
____
3. ______________________
____
4. ______________________
____

…

Ⓐ 1. Schreibe einen Ratgeber, der zum einen die positiven Seiten einer Freundschaft hervorhebt und zum anderen darauf eingeht, wie man Freunde verlieren kann.
Notiere in der linken Spalte vier Punkte, die als »Rezept für einen Freund« gelten könnten (z. B.: Was macht ihn liebenswert? Wie möchtet ihr von einem Freund behandelt werden?).
Notiere in der rechten Spalte vier Punkte, was man tun müsste, um Freunde zu verlieren (z. B.: Was enttäuscht Freunde? Welche Fehler meiner Freunde stören mich besonders?).
2. Wenn dir noch weitere Punkte einfallen, kannst du diese natürlich mit anführen.

Die Top Ten der Streit-Profis

Wenn du dich an die folgenden Hinweise hältst, bleiben deine Freunde auch nach dem Zoff noch deine Freunde:

1. Erst zuhören, um zu verstehen, was der andere meint, dann antworten.
2. Vermeide Verallgemeinerungen und behaupte nicht: »Du bist immer so.«
3. Sprich aus, was du selbst fühlst, z. B.: »Ich habe mich geärgert, weil ich auf dich warten musste.«
4. Sich mit dem anderen zu einigen, bedeutet nicht, dass du immer nachgeben musst.
5. Vermeide Beleidigungen! Worte können »töten!« und sind nicht mehr rückgängig zu machen.
6. Wenn du spürst, dass du deine Wut nicht mehr unter Kontrolle hast, zähle bis 10, ehe du sagst, was dich am anderen stört!
7. Zu einem Streit gehören immer zwei! Schuld hat jeder ein bisschen.
8. Bittet dich jemand um Entschuldigung, so verzeihe ihm.
9. Hast du den Fehler gemacht, gib ihn auch zu.
10. Stark ist es, wenn du den ersten Schritt zur Versöhnung machen kannst.

(Nach: Karin Kampwerth: Clique & Co. 2002 by K. Thienemanns Verlag, Stuttgart – Wien, S. 70/71.)

Freundschaft auf dem Prüfstand

- Lisa hat neuerdings das Lesen für sich entdeckt. Sie verschlingt geradezu alle »Harry Potter« – Bücher der Reihe nach. Vorher hat sie ihre Nachmittage häufig mit ihrer Freundin Laura verbracht. Sie konnten sich über alles unterhalten, gingen gern schwimmen oder waren mit ihrer Clique zusammen. Lesen ist für Laura ein Graus. Da Lisa gerade mit dem letzten Band zu Ende ist, fällt ihr ein, dass sie gern mal wieder mit Laura schwimmen gehen möchte. Auf ihre Frage antwortet Laura: Du kannst mit deinem blöden Harry Potter schwimmen gehen, ich habe etwas anderes vor.

- Nils und Roman sind dicke Freunde. Manchmal ziehen sie sogar die Sweatshirts des anderen an, benutzen ganz selbstverständlich die Schul- oder auch Spielsachen des andern. Vor einigen Tagen hatte Roman eine CD-ROM von Nils ausgeborgt und hatte sie an Theo weitergegeben. Der hatte sie völlig zerkratzt zurückgegeben. Nils rastet aus, als er die Bescherung sieht und kündigt ihm die Freundschaft.

(A)
1. Welche Hinweise sollten benutzt werden, um die Streitsituationen zu lösen?
2. Schreibe eine der zwei Geschichten so um, dass die Freunde auch Freunde bleiben.
3. Bereite mit deinem Banknachbarn für eine Geschichte ein Rollenspiel vor, mit dem ihr eine Lösung des Streits vorspielt.

Die Schule im Jahre 2157

Diese Geschichte spielt am 17. Mai des Jahres 2157 und erzählt vom Unterricht der elfjährigen Margie:
Margie wurde zornig. »Schule? Was kann man denn schon über die Schule schreiben? Ich hasse die Schule!«
Margie hatte die Schule schon immer gehasst, aber jetzt hasste sie sie mehr als je zuvor. Der mechanische Lehrer hatte sie wieder und wieder in Geographie abgefragt und bei jedem Mal war sie schlechter gewesen, bis ihre Mutter bekümmert den Kopf geschüttelt und die Schulinspektion angerufen hatte.

Der Schulinspektor war ein runder kleiner Mann mit einem roten Gesicht gewesen, der eine ganze Kiste mit Instrumenten, Drähten und Werkzeugen bei sich getragen hatte. Er hatte Margie angelächelt und ihr einen Apfel gegeben, dann hatte er sich über den mechanischen Lehrer hergemacht und ihn auseinander genommen. Margie hatte gehofft, dass er ihn nie wieder zusammenbringen würde, aber er hatte Bescheid gewusst, und nach einer Stunde oder so hatte das Ding wieder dagestanden, groß und schwarz und hässlich, mit einer großen Mattscheibe darauf, wo alle Lektionen gezeigt wurden, und mit einem Lautsprecher daneben, der die Fragen stellte. Aber das war nicht das Schlimmste. Der Teil, den Margie am meisten hasste, war ein Schlitz, in den sie die Hausarbeiten und die Antworten auf seine Fragen stecken musste. Alles das musste sie in einem Lochkode [System von verschlüsselten Zeichen] schreiben, den sie mit sechs Jahren gelernt hatte, und der mechanische Lehrer rechnete die Noten im Nu aus.

Margie trottete unlustig in ihr Schulzimmer. [...] Der mechanische Lehrer war bereits eingeschaltet und wartete auf sie. Der Unterricht fand jeden Tag um die gleiche Zeit statt, außer Samstag und Sonntag. [...] Der Bildschirm war erleuchtet, und der Lautsprecher sagte: »Unsere heutige Rechenaufgabe besteht aus der Addition einfacher Brüche. Bevor wir anfangen, steckst du die gestrige Hausarbeit in den Aufnahmeschlitz.«

Margie gehorchte seufzend [...].

(Isaac Asimov: Die Schule der Zukunft. In: ders.: Walter Brumm. Wilhelm Heyne, München 1966.)

(A)
1. Worin unterscheidet sich die Schule der Zukunft von der heutigen Schule? Was gefällt dir besser? Was würdest du vermissen?
2. Schreibe Margie einen Brief, in dem du ihr von eurem Unterricht und euren Lehrern erzählst.
3. Stell dir vor, du könntest Margie im Jahre 2157 besuchen. Denke dir mit deinem Banknachbarn ein Gespräch mit Margie aus und spielt anschließend eine kleine Szene.

Eine Schule zum Wohlfühlen

Stellt euch folgende Situation vor:
Drei Expertenteams erhalten den Auftrag, Regeln für eine Schule zu entwerfen, die den Anforderungen unserer modernen Zeit entsprechen. Ein erstes Expertenteam vertritt die Interessen der Schüler, ein zweites die der Eltern und ein drittes Team macht sich für die Belange der Lehrer stark. Auf einer Schulkonferenz stellen sich vier Experten vor, die jeweils die Leitung eines der drei Expertenteams übernehmen sollen. Die Expertenteams können demzufolge drei Experten auswählen, ein Experte wird nicht benötigt. Die Experten stellen sich auf der Schulkonferenz in einem kurzen Statement vor:

1. Herr Großmann:
Als die Schüler noch Respekt vor den Lehrern hatten, war es viel einfacher, Ordnung und Disziplin durchzusetzen. Jetzt kommt es oft nicht zum Lernen, weil die Schüler machen, was sie wollen.
2. Frau Heller:
Die Schule soll ein Ort sein, wo Kinder und Jugendliche gemeinsam erwachsen werden, ein Ort der Begegnung, bei dem es viel Raum zum Lernen und zum Üben gibt, um den Sinn des Daseins zu begreifen.
3. Herr Eichhorn:
Es kann nicht sein, dass der Lehrer vor der Klasse steht und redet und fragt und schreiben lässt. Die Schüler sind durch Fernsehen und Computer gewöhnt, dass ihnen alles perfekt vorgesetzt wird. So muss auch das Lernen organisiert sein.
4. Frau Sorgenfrei:
Die Eltern haben die Hauptverantwortung für die Kinder, deshalb müssen sie dafür sorgen, dass sich ihre Kinder ordentlich benehmen. Wer nicht will und von den Eltern nicht dazu angehalten wird, sollte gleich zu Hause bleiben.

1. Projekt: Organisation des Zusammenlebens
Dazu könnten folgende Fragen gestellt werden:
- Sollten nur Gleichaltrige eine Lerngruppe bilden, oder wäre es besser, Schüler unterschiedlichen Alters in einer Lerngemeinschaft zusammenzufassen?
- Wie soll das Miteinander der Schüler organisiert werden und wie sind die Beziehungen der Schüler zu den Lehrern zu gestalten?
- Welche Verantwortung sollen die Schüler selbst für Disziplin und Ordnung übernehmen?
- Welche weiteren Fragen fallen euch ein?

2. Projekt: Gestaltung des Unterrichts
Dazu könnten folgende Fragen gestellt werden:
- Stellt ihr euch den Unterricht nach Fächern getrennt vor, oder sollte es lieber Projekte geben, nach de-nen alles immer wieder neu sortiert wird?
- Wie sollen moderne Medien in den Unterricht einbezogen werden (Computer, Internet, Mobiltelefon u. a.)?
- Welches Mitspracherecht sollten die Schüler bei der Auswahl des Unterrichtsstoffes erhalten?
- Welche weiteren Fragen sollten gestellt werden?

3. Projekt: Gestaltung der unterrichtsfreien Zeit
Dazu könnten folgende Fragen gestellt werden:
- Welche Möglichkeiten der Freizeitgestaltung (Interessengemeinschaften am Nachmittag, Nachhilfe usw.) sind vorgesehen?
- Wie soll die Pausengestaltung organisiert werden?
- Welche weiteren Fragen fallen euch ein?

(A)
1. Bildet drei Gruppen mit jeweils vier Schülern. Eine Gruppe setzt sich aus drei Experten und einem Leiter des Expertenteams zusammen. Entscheidet euch, ob ihr die Interessen der Schüler, der Eltern oder der Lehrer vertreten wollt. Wählt euch einen der vier Experten als Leiter des Expertenteams.
2. Bearbeitet die drei Projekte entsprechend der aufgeworfenen Fragen. Fasst die Ergebnisse schriftlich zusammen.
3. Diskutiert gemeinsam, nach welchen Regeln eure Schule organisiert werden soll.

Regeln des Zuhörens und des Sich-Äußerns KV 21

Regeln zur Sicherung des gründlichen Zuhörens

1. Konzentriere dich bei Äußerungen eines Mitschülers oder des Lehrers auf die genaue Feststellung dessen, was diese *dem Sinne nach sagen*. Mache dir eventuell *Stichpunkte*. Versuche auch, eigene Formulierungen zu verwenden.

2. *Formuliere Fragen*, mit denen du dich vergewissern kannst, ob du richtig verstanden hast. Dabei spielt es noch keine Rolle, ob du auch dieser Meinung bist oder nicht. Fasse dich bei deinen Rückfragen so kurz wie möglich. Äußere noch keine eigene Meinung.

3. Gehe davon aus, dass *dein Partner Recht hat*, und versuche, zuerst jene Stellen zu finden, an denen du *seine Meinung unterstützen* und durch neue Beispiele und Ergänzungen bestärken kannst.

4. Wenn dir eine geäußerte Meinung falsch erscheint, lehne sie nicht von vornherein ab, sondern versuche, möglichst konkret herauszufinden, *welche Punkte* unzutreffend sind. Setze eine geäußerte Meinung nicht automatisch mit dem Menschen gleich, der sie vertritt.

Regeln zur Sicherung differenzierter Äußerungen

1. Überlege genau, was du sagen willst. Fertige dir bei längeren Beiträgen eine *Gliederung mit Stichpunkten* an.

2. Höre sofort zu reden auf, wenn dir der *logische Zusammenhang* verloren gegangen ist und du lediglich Altes wiederholst. Rede möglichst kurz, missbrauche die Geduld anderer nicht. Melde dich dafür lieber mehrmals zu Wort.

3. Gehe auf die bzw. *deinen Vorredner* ein. Wiederhole, bevor du deine eigene Meinung sagst, noch einmal kurz deren Standpunkt mit eigenen Worten. Das verhindert Missverständnisse.

4. Komme immer wieder auf die Ausgangsfragen zurück. Beachte das *bisher erreichte Gesprächsergebnis*. Versuche deine und die anderen Meinungen den einzelnen Teilfragen als Pro- oder Gegenargument zuzuordnen.

(Helge Eisenschmidt: Kommunikationsanforderungen. In: ders.: Ethik Lehrerbegleitbuch. Klassen 7/8. Militzke Verlag, Leipzig 1995, S. 24.)

Kevin (16) kann mit dem Vorschlag gar nichts anfangen. Sein Votum ist eindeutig: »Beschissen!« Jennifer, seine Mitschülerin an der Mittelschule am Adler, sieht das ähnlich: »Jeder sollte sich so kleiden, wie er will.« Dagegen hält Gymnasiast Michael (14) die Einführung von Schuluniformen für eine »gute Idee«. [...]
Für Kevin jedenfalls steht fest: Er möchte sein individuelles Outfit tragen, wann immer er will. Mit der äußeren Erscheinung, so der Schüler, treffe man nämlich eine Aussage über innere Einstellung und Herkunft. Es sei doch schön, wenn sich der eine vom anderen abhebt, eilt ihm Schulkamerad Eric Kasch (16) zu Hilfe. Nur Jerimis aus der sechsten Klasse ist überzeugt, dass mit Hilfe gleicher Outfits die Ausgrenzung Einzelner eingedämmt werden könnte.

Die Leipziger Gymnasiasten plädieren in ihrer Mehrheit für Schuluniformen. »Eine gute Idee, da sie uns Schüler von dem Zwang befreit, immer dem letzten Schrei nachzuhecheln und teure Markenklamotten zu tragen«, sagt Michael vom Immanuel-Kant-Gymnasium. Sein Freund Lucas, ebenfalls 14, teilt diese Sichtweise. Er findet, die Schüler sollten außerdem die Möglichkeit haben, die Uniformen mitzuentwerfen. [...]

Kathrin Goldmann, die am Kant-Gymnasium Deutsch und Geschichte unterrichtet, sieht in der Einführung der Uniform eine Gelegenheit, das Problem Markenzwang zu mildern. »Allerdings sollte nicht der Staat, sondern die Schulen selber entscheiden, ob die Einheitskleidung bei ihren Schülern notwendig ist.«

Kunstlehrerin Heike Palluch bezeichnet eine gleichartige Schulkluft als schrecklich. »Ich unterrichte lieber vor einer bunten Masse, in der jeder Einzelne nach individuellem Belieben gekleidet ist«, so die 34-Jährige. [...]

(Elisabeth Menze/Dave Kretschmann: Im Einheitslook zur Schule? In: Leipziger Volkszeitung, Querschläger v. 18.05.2006.)

(A) Pro-und-Kontra-Diskussion »Schuluniform: ja oder nein?«
Während für die einen die Einführung der Schuluniform ein Eingriff in die Persönlichkeitsrechte bedeutet, beseitigt sie für andere soziale Benachteiligungen und den Gruppen- und Markendruck. Führt zu dieser Problematik eine Pro-und-Kontra-Diskussion durch, die sich mit den Argumenten beider Seiten auseinandersetzt.

1. Stimmt zunächst ab, wer dafür und wer dagegen ist. Bildet auf Grundlage der Abstimmung zwei Gruppen.
2. Jede Gruppe sammelt weitere Informationen aus dem Internet sowie aus Zeitungen und Zeitschriften. Ihr könnt auch Umfragen und Befragungen an eurer Schule durchführen.
3. Legt innerhalb der Gruppen fest, wer in der Diskussion welche Rolle spielt: Experten, Pro- bzw. Kontra-Anwalt.
4. Nach der Diskussion stimmt ihr erneut ab und besprecht die Gründe für das Beibehalten oder aber das Ändern der Meinung.

Wie du mir, so ich dir

Ein Mädchen hatte Geburtstag. Von ihren Gästen bekam sie viele Geschenke, darunter zwölf Bücher. Ihr Vater meinte, dass dies zu viele seien, und schenkte die Hälfte den Nachbarskindern, die zufällig vorbeikamen. Drei Wochen später ging der Vater in seine Bibliothek, um etwas in seinem zwölf Bände umfassenden Lexikon nachzuschauen. Aber wie wunderte er sich, es fehlte fast die Hälfte aller Bände! Was war geschehen?

Als der Vater schließlich die Familie befragte, erzählte die Tochter von einem Hausierer, der zufällig vor der Tür stand und um eine milde Gabe bat. Ihm hatte sie die sechs Bände gegeben.

(James Thurber: Fünfundsiebzig Fabeln für Zeitgenossen. Rowohlt Verlag, Reinbek bei Hamburg 1967, S. 60f.)

(A)

1. Beantworte die Frage, warum das Mädchen die Bücher verschenkt hat. Hatte sie ein Recht dazu? Beziehe in deine Antwort die Überlegungen zur Goldenen Regel mit ein.
2. Denke dir Situationen aus, und schreibe sie auf, in denen die Goldene Regel nicht anwendbar ist.

Die Welt wahrnehmen

Innere und äußere Wahrnehmung

Der englische Philosoph John Locke (1632 –1704) hat zwischen innerer und äußerer Wahrnehmung unterschieden.

(A) 1. Kreuze an, ob es sich bei den folgenden Situationen um eine innere oder äußere Wahrnehmung handelt.

Situationen	Wahrnehmung innere	Wahrnehmung äußere
Über das Geschenk ihrer Freundin hat sich Lore riesig gefreut.	☐	☐
Gestern hat Udo einen Verkehrsunfall gesehen.	☐	☐
Mit dem Fernglas hat Sven im Urlaub Tiere beobachtet.	☐	☐
Wenn Ulla an Boris denkt, dann wird ihr ganz warm ums Herz.	☐	☐
Ursula hat herausgefunden, dass sie immer rot im Gesicht wird, wenn sie an die Wandtafel muss.	☐	☐
Silvia beobachtet gerne den Sternenhimmel.	☐	☐
______________________________	☐	☐
______________________________	☐	☐

(A) 2. Denke dir jeweils ein Beispiel für innere und äußere Wahrnehmungen aus. Schreibe die Situationen auf und kreuze an, worum es sich handelt.
3. Erkläre, wodurch sich innere und äußere Wahrnehmung unterscheiden.

____

____

____

Genau hinsehen

(A) In diesem Wirrwarr von Linien haben sich fünf Tiere versteckt. Schreibe auf, um welche Tiere es sich handelt.

____

____

____

____

____

Aus: Spaß für freie Stunden. Rätsel, Spiele, Denkaufgaben. Leipzig 1980, S. 62

Klischees über Jungen und Mädchen

Wir & die Jungen & Mädchen

Jungs sind hart, stark
und nicht bang,
Mädchen sind schlaff ihr
ganzes Leben lang!
Jungs mögen
Hamburger, Chips
und hohe Bäume,
Mädchen flüchten in
romantische Träume.
Jungs kämpfen viel,
auch Dreck schreckt
sie nicht,
Mädchen spielen mit
Puppen – was anderes
könn' sie nicht.
Michael (11 Jahre)

Wir sind Mädchen,
haben Power,
sie sind Jungs,
kein bisschen schlauer.
Mädchen erzähle sich
ständig was Neues,
sie mögen Musik von den
Backstreet Boys.
Jungs sind laut und gemein
und sie hetzen,
machen nur Ärger, haben
Stress mit Gesetzen.
Aber trotzdem:
Letztenends
folgen wir denselben Trends!
Lisa (11 Jahre)

(Christine Moorcroft/ Chris Roberts: Ich … werde erwachsen. Verlag an der Ruhr, Mülheim an der Ruhr 1998, S. 7.)

(A) 1. Trage in der Tabelle zusammen, welche Klischees über Jungen und Mädchen bestehen. Befrage auch deine Eltern und Großeltern sowie andere Erwachsene, welche Klischees ihnen dazu bekannt sind.
2. Vergleicht und diskutiert eure Ergebnisse.

Typisch Junge	Typisch Mädchen

Gedankenexperiment: Experimentelle Umkehrung KV 26

(A) Stell dir vor, du wachst eines Morgens als Mitglied des anderen Geschlechts auf. Abends bist du als Mädchen schlafen gegangen und morgens als Junge aufgewacht – oder umgekehrt.
Versetze dich als Mädchen in die Rolle eines Jungen und als Junge in die Rolle eines Mädchens. Schreibe an deinen Freund/deine Freundin einen Brief, in dem du ihm/ihr über deine Erfahrungen in der neuen Geschlechterrolle berichtest.

Bausteine für Toleranz

Damit Menschen tolerant miteinander umgehen, bedarf es unter anderem der Durchsetzung folgender Anforderungen: 1. Nachdenken statt mitlaufen! 2. In die Schuhe des anderen schlüpfen! 3. Miteinander statt übereinander sprechen!

1. Nachdenken statt mitlaufen!

2. In die Schuhe des anderen schlüpfen!

3. Miteinander statt übereinander sprechen!

(A) Erläutere mit eigenen Worten, was du unter diesen Anforderungen verstehst.

Rollen in meinem Leben

»Rolle« meint die Erwartungen, die an das Verhalten einer Person geknüpft werden. Jeder Mensch nimmt in seinem Leben unterschiedliche Rollen ein (z. B. Klassenclown, Tochter, ...).

Rolle	Anforderungen und Erwartungen an diese Rolle

Ⓐ 1. Schreibe die wichtigsten Rollen auf, die in deinem Leben von Bedeutung sind.
2. Schreibe auf, welche Anforderungen und Erwartungen mit diesen Rollen verbunden sind.

Die Welt als unsere Erde

1. Frage:

2. Frage:

3. Frage:

Ⓐ 1. Was ist gemeint, wenn man von der »Welt als unsere Erde« spricht. Erläutere das durch ein Begriffsnetz.
2. Welche Gedanken gehen dir durch den Kopf, wenn du an die Welt denkst? Stelle drei Fragen an die Welt, die dir besonders wichtig erscheinen.

Die Welt als Universum oder Kosmos **KV 30**

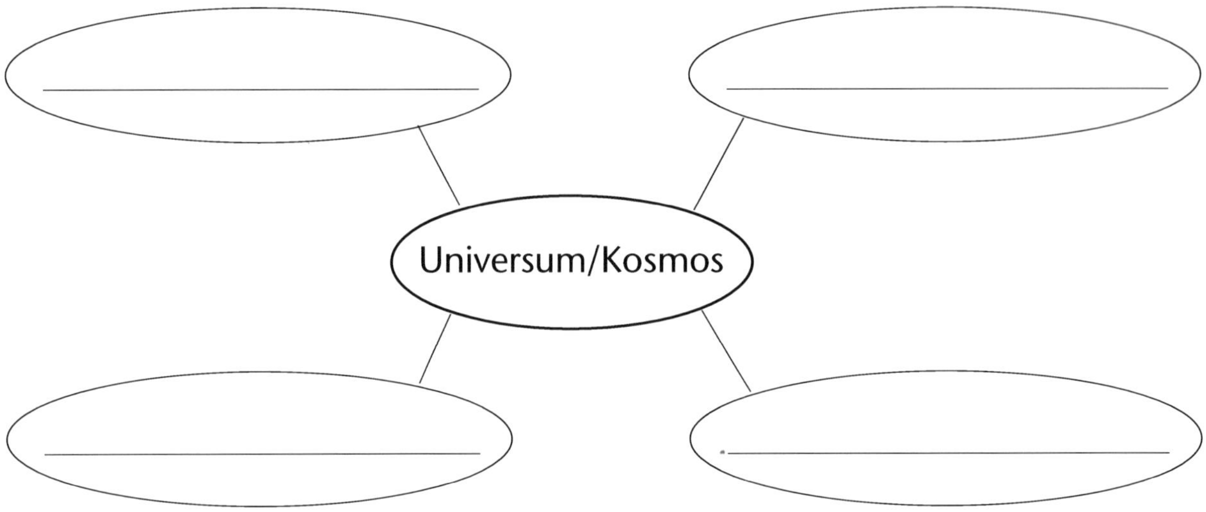

Unser Sonnensystem

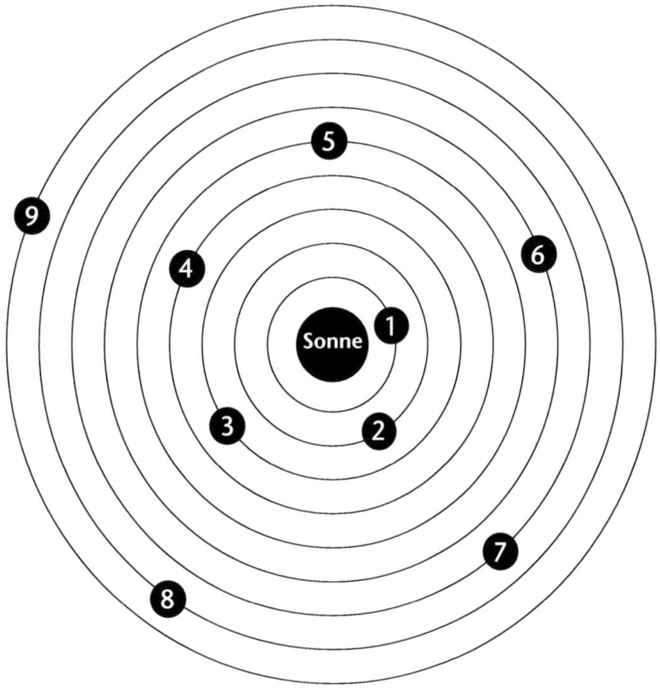

Erde, Jupiter, Mars, Merkur, Uranus, Pluto, Venus, Neptun, Saturn

1. ______________________
2. ______________________
3. ______________________
4. ______________________
5. ______________________
6. ______________________
7. ______________________
8. ______________________
9. ______________________

(A)
1. Erläutere durch ein Begriffsnetz, was zum Universum oder Kosmos gehört.
2. Die Reihenfolge der Planeten ist durcheinander geraten. Ordne die Planeten nach ihrer Entfernung zur Sonne.

Symbol oder Zeichen

Symbole	**Zeichen**
1. ______	1. ______
2. ______	2. ______
3. ______	3. ______
4. ______	4. ______
5. ______	5. ______
6. ______	6. ______

Symbol » « ______

______

______

______

Zeichen » « ______

______

______

______

(A) 1. Wie nennt man die einzelnen abgebildeten Symbole oder Zeichen? Trage die Bezeichnungen der Symbole oder Zeichen in die entsprechende Spalte ein.
2. Wähle dir jeweils ein Symbol und ein Zeichen aus und erkläre ihre Bedeutung.

Bäume

Bäume sind für mich immer die eindringlichsten Prediger gewesen. [...] In ihren Wipfeln rauscht die Welt, ihre Wurzeln ruhen im Unendlichen; allein sie verlieren sich nicht darin, sondern erstreben mit aller Kraft ihres Lebens nur das Eine: ihr eigenes, in ihnen wohnendes Gesetz zu erfüllen, ihre eigene Gestalt auszubauen, sich selbst darzustellen. [...]

Wenn ein Baum umgesägt worden ist und seine nackte Todeswunde der Sonne zeigt, dann kann man auf der lichten Scheibe seines Stumpfes und Grabmals seine ganze Geschichte lesen: In den Jahresringen und Verwachsungen steht aller Kampf, alles Leid, alles Glück und Gedeihen treu geschrieben, schmale Jahre und üppige Jahre, überstandene Angriffe, überdauerte Stürme. [...]

Bäume sind Heiligtümer. Wer mit ihnen zu sprechen, wer ihnen zuzuhören weiß, der erfährt die Wahrheit. Sie predigen nicht Lehren und Rezepte, sie predigen, um das Einzelne unbekümmert, das Urgesetz des Lebens.

Ein Baum spricht: In mir ist ein Kern, ein Funke, ein Gedanke verborgen, ich bin Leben vom ewigen Leben. Einmalig ist der Versuch und Wurf, den die ewige Mutter mit mir gewagt hat, einmalig ist meine Gestalt und das Geäder meiner Haut, einmalig das kleinste Blätterspiel meines Wipfels und die kleinste Narbe meiner Rinde. [...]

Wer gelernt hat, Bäumen zuzuhören, begehrt nicht mehr ein Baum zu sein. Er begehrt nichts zu sein, als was er ist. Das ist Heimat. Das ist Glück.

(Hermann Hesse: Bäume. Zit. nach: Almut Löbbecke (Hg.): Die Fundgrube für den Ethik- und Religionsunterricht. Cornelsen Scriptor Verlag, Berlin 1999, S. 59f.)

(A)
1. Male einen Baum auf das Blatt. Denke beim Malen daran, warum du dir diesen Baum ausgewählt hast.
2. Was würde deiner Meinung nach ein Baum in einer Ansprache den Menschen sagen wollen? Schreibe diese Gedanken in die Umrisse des Baumes hinein.

Tierschützer in Aktion

Peter ist radikaler Tierschützer und unterhält sich mit Conny, die nicht zu seiner Gruppe gehört.

Peter: Neulich, die Aktion war richtig geil. Wir haben eine Frau, die einen echten Pelz trug, so richtig mit Farbe bespritzt. Die kann den nie mehr anziehen!

Conny: Und warum hat ihr das getan? Die Tiere waren doch eh schon tot. Außerdem ist das gemein der Frau gegenüber.

Peter: Na, weißt du … die soll ja dann auch in Zukunft keinen mehr kaufen, das könnte ihr ja jederzeit wieder passieren; dafür sorgen wir. Und je weniger Käufer es für Pelze gibt, desto weniger Tiere werden dafür getötet.

Conny: Trotzdem, du kannst anderen nicht ihr Eigentum zerstören. Und außerdem, warum machst du dich bei Pelzen so verrückt, du trägst doch auch Lederschuhe und isst Fleisch!?

Peter:

(A)

1. Wie könnte der Dialog zwischen Peter und Conny weiter gehen? Schreibe das mögliche Gespräch weiter.
2. Stell dir vor, ein Vegetarier will dich davon überzeugen, dass du prinzipiell auf Fleisch verzichten sollst, und er würde z. B. die folgenden Gründe anführen:

Ich esse kein Fleisch, weil:

- ich generell gegen das Töten von Lebewesen bin,
- mir das einfach nicht schmeckt und außerdem ungesund ist,
- Tiere genauso leiden und Schmerzen empfinden können wie wir,
- die ganzen Wachstumsmittel und Medikamente im Fleisch schädlich sind.

Schreibe auf, welche Gründe du am überzeugendsten findest.

Gefährdungen der Natur KV 34

Schäden an der Natur kümmern sich nicht um Ländergrenzen und Kontinente. Wodurch aber sind Mensch und Natur gefährdet?

Mensch: ____________________

____

Tier: ____________________

____

Luft: ____________________

____

Boden: ____________________

____

Wald: ____________________

____

Wasser: ____________________

____

Natur – Elfchen

Gedichte aus elf Wörtern nennt man »Elfchen«. Dazu werden elf Wörter in fünf Zeilen aufgeteilt.
So wird`s gemacht:

1. Zeile – 1 Wort ________

2. Zeile – 2 Wörter ________ ________

3. Zeile – 3 Wörter ________ ________ ________

4. Zeile – 4 Wörter ________ ________ ________ ________

5. Zeile – 1 Wort ________

(A) 1. Schreibe Gefährdungen auf, denen Mensch und Natur ausgesetzt sind bzw. wie sich solche Gefährdungen zeigen.
2. Schreibe ein »Elfchen« über die Natur.

Alles Natur – ein Rätsel

Ⓐ Trage die einzelnen Lösungswörter in die vorgesehenen Spalten ein.

1													N	D						I	E	
2																				R		
3																	Z	E	N			
4							U	M										Z				
5											M						E	N	N	U	N	G
6											L						R	A	U	M		
7																			T	Z		
8		N	A	T	U	R																
9												K	O	N						R	E	N
10	F	A	H	R													E	N				
11			L				V	E	R													

1. Energieform, die man nicht sieht, aber spüren kann
2. Voraussetzung zum Leben für alle Lebewesen
3. Natur gebrauchen, ohne sie zu zerstören
4. Maßnahmen, die der Erhaltung der Natur dienen
5. Verfahren zur Sortierung von Müll
6. Andere Bezeichnung für Ökosystem
7. Vorschriften zur Durchsetzung von Tierrechten
8. Naturereignis mit verheerenden Folgen
9. Natur verbrauchen, sie letztlich zerstören
10. Autofahrer, die sich zur Vermeidung von Kosten und Umweltschäden zusammenschließen
11. Ansammlung von Schadstoffen in der Luft

Ⓐ Erläutere, was du unter dem Lösungswort verstehst.

Feste im Lebenslauf herausfinden **KV 36**

Ⓐ 1. Finde die jeweiligen Feste heraus, indem du die zusammengehörigen Silben mit einer Farbe markierst. Du kannst die zusammengehörigen Silben auch mit einer einheitlichen Zahl versehen. Beispiel: Beschriftung: 1 = Be / 1 = schrif / 1 = tung.

Ein	burts	fir	gend	Hoch
Kon	Ju	schu	ma	mens
zeit	wei	lung	Ge	tion
tag	he	Na	tag	

Ⓐ 2. Suche dir ein Fest aus und beschreibe, warum es gefeiert wird.